Horst Wolf Müller · Höhenluft

Horst Wolf Müller

Höhenluft

Mertesgeschichten

NordPark Verlag

Bibliografische Information der Deutschen Nationalbibliothek
Die Deutsche Nationalbibliothek verzeichnet diese Publikation in der Deutschen Nationalbibliografie; detaillierte bibliografische Daten sind im Internet über http://dnb.d-nb.de abrufbar.

Originalausgabe
2011

Lektorat: Marina Palm
Umschlagfoto: Barbara Schlüter
Gesetzt in der Adobe Garamond
Herstellung: Books on Demand GmbH, Norderstedt
Printed in Germany
ISBN 978-3-935421-80-5

NordPark Verlag · Klingelholl 53 · D-42281 Wuppertal
www.nordpark-verlag.de

Höhenluft

MERTESGESCHICHTEN

BEIM HAUSARZT

Mertes zieht sich an.
Sechzig, Herr Doktor, sixty würden die Engländer sagen. Kennen Sie den Kinderspruch: Mit 10 ein muntres Kind, mit 20 jung gesinnt, mit 30 frisch voran, mit 40 wohlgetan. Mit 50 stillestan, mit 60 fängt das Alter an. Da beginnen also die Verdächtigungen des Körpers. Man verliert ganz langsam und schleichend das Vertrauen. Alles kann man haben und auch nix kann man haben. Hab ich was? Haben Sie was gefunden? Nix? Also sozusagen Freispruch? Hatt ich erwartet, trotz und alledem. Plötzlich schaut man auf die anderen Lük im Wartezimmer von oben herab. Egal wie alt du bist, Hauptsach Elan Vital. Das zählt überall. Wie alt ist der Globus? Paar Millionen. Kein Mensch kann sich das vorstellen. Seit wann laufen Menschen drauf rüm? Da kommen Schädel zum Vorschein, ne knappe Million alt, und die Zähn sind noch tadellos. Schwer hinzunehmen.
Ich beobachte mich jetzt schon etliche Jahre, hab ein Auge auf meinen Körper und seine gewissen Intentionen, da entgeht mir so gut wie nix. Und ich glaub, dat imponiert dem. Dat kennt der nit von mir, dat ich so quasi an die kurze Leine nehme, wo ich doch früher überhaupt nicht gewusst hatt, wat dat ist, der Körper. Körper und Seele, dat war doch früher – wie soll ich sagen, die waren ein Herz

und eine Seele. Ja, su redt man. Aber er ist nicht mehr, was er einmal war. Er zwackt emal hier und emal da, erlaubt sich da praktisch diese Symptome, kennen Se ja, kennt ja jeder heute, diese unbeliebten Symptome, hett jeder. Aber ich will emal so sagen: et is nix dahinter!
Er schickt mir seine Symptome, und wenn ich die dann zu Ihnen bring und er muss sich auch noch unter dem Auge des Röntgenschirms verantworten, dann geht ihm, auf Deutsch gesagt, die Luft aus. Davon hab ich ihn im Verdacht!
Er is mir manchmal trotzdem unheimlich, muss ich Ihnen sagen. Et gibt kaum eine Stelle, wo ich nit schon emal gewisse Beschwerden gehabt hätt. Und wenn ich dann immer denk, ich kenn die Stellen, ich weiß, wo er mich drankriegt, dann kommt er et nächste Mal wieder von ganz wo anders.
Nehmen wir bloß emal den Hexenschuss, dat war ne echte Schuss vor de Bug. Ich dacht wirklich, jetzt ist dein Stündlein gekommen, du bist an den Stock gefesselt für den Rest deiner Tage. Aber von wegen. Drei vier Zäpfchen, eine Woche Gymnastik mit dieser Hüftschaukel da, jet jeschwumme und er gibt keinen Mauz mehr von sich. Und et Jahr drauf packt er mich im Hals, aber fragen sie nicht wie! Sie sind ja kein Hals-Nasen-Ohren-Arzt, sonst wär ich ja zu Ihnen gekommen, aber so musst ich einen anderen ranlassen, dat Spiel kennen Se ja. Man braucht, wenn man nicht beständig in seinen Krankheiten, bestimmt zehn Ärzte. Und dat fällt dann praktisch su aus, dat einer die Symptome verjagt und der andere kriegt se. Ja, is et nit

esu? Sie als Internist haben et noch gut, denn intern ist ja das meiste, und dat sieht man alles nicht. Da kann man nur spekulieren. Drum geht et bei Ihnen auch immer am geheimnisvollsten zu. Wenn man schon Ihre Assistentinnen da all sieht, wie die rumlaufen und tuscheln, und man weiß nit, ob die sich über deine Leber unterhalten oder über deine Bauchspeicheldrüse, dat is schon ne schöne Krimi. Ja, Sie lachen!
Gegen die Chemie sind ja die meisten Symptome machtlos, da gehen die laufen. Würd ich auch tun. Wissen Se, ich hab ens ne pharmazeutische Fabrik besichtigt, da träumen Sie hinterher wochenlang von diesen Kügelchen und Stäbchen, in allen Regenbogenfarben.
Herr Doktor, im Vertrauen gesagt, et gibt doch da diese Kräuterfrauen, man holt se jetzt wieder aus ihren Verstecken.

Dat is meiner Meinung nach nit bloß ein Kostendämpfungsgesichtspunkt, sondern die Leute werden echt pillenmüde. Und auch dat viele Röntgen, ich will Sie jetzt nit persönlich verdächtigen, dat dat ein Hobby von Ihnen wäre.
Die anderen wieder schnallen dir diese Elektroden an den Kopp, ob die Gehirnströme es vielleicht wagen, dat se da Kapriolen schlagen.
Wissen Se, wat ich glaube?
Der Körper merkt sich dat alles, wat Se mit ihm veranstalten, und dann wird der nachtragend. Denken Se, ich hätt damals diesen Spiegel da runtergebracht? Nit emal unter Narkose.

Der wollt dat Dingen nit han, der. Wissen Se, wat die aal Sauerampfer-Lina mit meinem Magen gemacht hett? Die hett mit dem gesprochen. Die hett Tacheles mit dem geredet, aber energisch, war se am Schänge. Und dat half! Wir woren alle richtig kregel hinterher.
Nit, dat ich Ihnen sagen will, Sie sollen et machen wie die Lina, können Se ja nit, Sie müssen ja auch noch auf Ihr Ethos achten. Aber stellen Se sich bloß emal vor, Sie würden anfangen mit Wunderheilungen. Keine Tabletten, keine Anwendungen, keine Röntgenbilder, keine Kurzwellen, nix, bloß: steh auf und wandle. Kostendämpfend, kostenlos. Wat dat für ein Skandal wär für die Ärzteschaft und die Industrie, dat ging rauf bis zum Dämfungsminister. Is doch unmöglich!
Aha. Und dat soll ich schlucken? Zerkauen? Aha! Und dat andere? Auftragen. Nicht einmassieren. Einziehen lassen. Trocknen lassen. Nicht abkratzen. Klar?
Klar dat. Klar tu ich ich dat. Ich gurgel auch im Kopfstand, wenn Se dat von mir verlangen. Tschö, Herr Doktor.

MIGRATIONSHINTERGRUND

Um die Wahrheit zu sagen: Ich bin kein geborener Rheinländer.

Die wirklichen Kenner werden das schon bemerkt haben. Es ist ja keine Schande, es ist allenfalls ein Manko, et is ein Gefühl, wie wenn de dinge Pass verlore hättst, du küst nit durch die Sperren, du fühlst dich wie nach einem Ganzkörper-Screening.

Aber genau genumme biste auch als halber Rheinländer ein voller Jeck, weil das rheinische Blut in der Schlacht der Gene so gut wie immer dominant ausfällt.

Aber lassen wir die Biologie. Mein Vater, ein leidenschaftlicher Steuerberater, der praktisch jede Steuerreform voraussah – schon fast unheimlich war das seinen Klienten – war Ostpreuße, nannte sich aber Pruzze.

Er blieb nach dem Krieg, wo er als Panzerfahrer eingesetzt war, am Niederrhein hängen. Dort traf ich ganz unerwartet auf meine Frau, fünftes Kind einer Aachener Dachdeckerfamilie. Von sechs Kindern wurden drei Spengler, der Rest Dachdecker, zwei mit Diplom.

Ich, zu dem Zeitpunkt ohne besondere Berufsausbildung, ließ mich von der kupfer- und schiefer verarbeitenden Familie am Rande des Kohlereviers derart blenden, dass

ich in sie einheiratete und durch wertvolle Hilfestellungen zu einer florierenden Firma werden ließ.
Besonders Kirchendächer wurden meine Spezialität.
Ich kröne jetzt mein Lebenswerk mit der Erneuerung des Daches von Sankt Pantaleon, jenes Heiligen, der »bei Gott mächtig« genannt wird, der Doyen unter den vierzehn heiligen Fürsprechern.
Eine Konversion meiner selbst fand nicht statt, ich und meine Frau Anna blieben bis auf den heutigen Tag altkatholisch. Wenn das der Kardinal wüsste.

SCHIEFER UND BLEI

Bergisch Hochstadt ist praktisch in unserer Hand, Lük. Das hat sich gerade in diesem Winter gezeigt, als die schlechten Dächer ihre Blessuren offenbarten. Das schlechte Holz in den alten Sparren, das konnte man ja fast von außen riechen. Ehrlich, Männer, hier ist für uns nicht mehr viel zu tun, denn die Besitzer der maroden Hütten können sich uns nicht leisten.
Was muss also unser nächster Schritt sein? Willi, wat tätste sagen?
Na, sicher doch, wir dehnen uns in Richtung Rhein aus und bieten unser Knowhow in den größeren Städten an.
Abgesehen davon sind wir ja in den Branchenbüchern schon längst drin. Und wie kommen wir an die lukrativen und interessanten Aufträge? Indem wir eine schicke Werbekampagne starten. Wir lassen ein Informationsmobil durch die Städte laufen, mit großformatigen Fotos und zündenden Sprüchen:
Wer sorgt dafür, dass Kapuziner und Benediktiner trockenen Hauptes durch den Winter gehen?
Mertes Bedachungen. Spezialität: Klöster und Dorfkirchen, im Auftrag der Stiftung Denkmalschutz.
Ich prophezeie euch: In ein bis zwei Jahren verdoppeln

wir unsere Belegschaft. Was ich aber voraussetze: jeder von euch muss sich gründlich mit deutscher Baugeschichte auseinander setzen. Es genügt jetzt nicht mehr, zu wissen, wo legt man Schieferplatten und wo Kupfer oder Blei.

Änee – von jetzt an kütt es darauf an, einen Pfeiler von einer Säule zu unterscheiden, und ein Tympanon von einem Fries, und eine Barockfassade von einer Renaissance-Fassade, und so wigger.

Ich seh an euren Gesichtern, dass ihr meint, ich hätt wohl meine Dachsparren nicht mehr alle – halt! Keinen Widerspruch, ihr denkt so, ich weiß das.

Aber ich kann euch verraten: Der Wettbewerb ist scharf, und ahnungslose Typen kommen nirgends mehr unter, es wird sie eines Tages in unserem Land einfach nicht mehr geben, indem sie nämlich aussterben. Nach dem alten Darwinschen Grundsatz: An apple a day keeps the doctor away.

Er singt:

The rain in Spain stays mainly in the plain.

Was sagt ihr zu diesem Meisterstück der Schieferdecker? Wer kann das heute noch? Altdeutsche Deckung nennt man das, und es gibt zwei Betriebe, wo das noch gelernt wird. In der Südeifel und in Thüringen. Und einige von uns gehen da hin und lassen sich umschulen. Und dann bieten wir unserer Schieferdeckungen in der Domstadt an. Besonders Sankt Pantaleon sollte davon profitieren. Und der Kardinal wird aufgefordert, an einem Teach-in teilzunehmen, wo er ganz schwindelig wird von den phan-

tastischen mecklenburgischen Dorfkirchen, und wir fordern ihn auf, dort zu predigen, quer durchs Land und quer durch die Konfessionen. Nit wie die Käsmann auf der vergoldeten Kanzel, nee, im Holzkäfig. Wo es vor einem Jahr noch durchgeregnet hat. Lük, entwickelt Ideen!
Dann geht et auch wigger!
Mir geht es um die Zukunft. Gegenwart ist gut und schön, aber dat dreht sich im Kreis. Zukunft dagegen, das geht ins Blod.

KOSTEN DER RELIGION

Nee, also ehrlich, Herr Kaplan, da drüber sollten Se mal nachdenken. Et gibt ja Leute, die die Kirche voll in Anspruch nehmen, die jede Messe mitnehmen und Altennachmittage und Fahrten nach Kevelaer und Orgelvesper oder Ostern in Rom, aber dat kostet ja schon wieder extra, sehn Se mal. Das Angebot der Kirche ist an und für sich reichhaltig, so besehen, wer das ausschöpfen kann, die ganzen Segnungen. Aber unsereins, jetzt also mal mehr der gemäßigte Christ, verstehn Se, wo der Seelenfrieden ja doch faktisch ein, zwei Wochen vorhält, so besehen, für den ist doch 700 Euro Kirchensteuer im Jahr keine Kleinigkeit.

Wenn man dat mal umrechnet, auf meine Person mal bezogen, was die Kirche bei mir an den Mann bringt, sicher, ich bin Ehemensch und insofern heilsbedürftiger, aber trotzdem, dann kostet mich ein Kirchenbesuch, sagen wir mal ein Hochamt an Ostern, mit Chorsingen und allem Drum und Dran um die 40 Euro. Ja, nun, da machen Se ein saures Gesicht, das stimmt aber!

40 Euro für ein Hochamt, selbst angenommen, der Monsignore aus Porz ist persönlich anwesend oder ein Weihbischof predigt, gibt einem ja auch mehr, aber für die Summe kann ich auch den Pavarotti in der Bonner Oper hören.

Ich weiß, was Sie sagen wollen, ist weltliche Musik, aber sagen Se nich, dat gibt der Seele nix! Da müsste schon ein Kardinal auf die Kanzel steigen für den Betrag, oder ne Dominikanerprediger. Ich will nicht handeln, so nit. Aber man sollte das gedanklich mal durchspielen, die Kirche als Dienstleistungsbetrieb.
Eintritt für eine Messe 5 Euro, mit Chorsingen 7 Euro, et Hochamt 10 Euro, Taufe 100 Euro, Hochzeit 300, Beerdigung 500, Einäscherung würd ich einen Tausender verlangen. Ja, nun! Die Hitze! Und die Unsicherheit, wat wird nun?
Man sagt immer, was nix kostet, taugt nix. Verstehn Se mich nit falsch, Herr Kaplan, das soll nicht gegen Ihre Leistungen gehen. Der Mensch braucht Absolution und Aufmunterung und all dat, bin ich voll Ihrer Meinung. Aber man soll ihm das nicht nachwerfen. Ja, ich bin auch Geschäftsmann, ich hab auch meine Preise. Für eine Beichte würd ich frank und frei zwanzig Euro berechnen. Ja, warum dann nit? Das müssen Se heute für jedes Steak hinblättern und ist dann noch nicht einmal gar. Blutiges Steak tun sich die Leute rein. Und hinterher sind sie gereizter wie vorher. Is et nit so? Aber ne durchgreifende Ohrenbeichte, so ein richtiger Ausputzer, da wird einem doch ganz frisch ums Herz. Und dann diese Exerzitien, richtig pfeffern die Preise, Luxusklasse, seelische Aufrüstung. Oder hören Se dat Wort nit so gern?
Rehabilitation, das klingt besser. Ja, die Kirche hat was zu bieten und dafür darf sie auch was kassieren. Aber eben offen, nit heimlich, durch Kirchensteuern, wo jeder was abzwackt

und merkt nix davon, außer wenn er seinen Steuerausgleich macht und sieht, er hat für seine Seelenheil mehr ausgegeben als für die Fußbodenheizung.
Ist ja auch mehr wert, da han Se recht. Aber trotzdem, tun Se sich das mal überlegen. Sie kriegen auf die Art vielleicht mehr Zulauf als vorher. Dann können Se an die Kirchentür schon mal dat Schild hängen: Ausverkauft. Ja, oder nit? Nehmen Sie mir das krumm, dass ich Ihnen das alles sage, wo ich Ihnen doch das Kirchendach gedeckt han?
Machen Se doch wenigstens wie wir einen Kostenvoranschlag. Schreiben Se, ne Taufe, unter den heutigen Bedingungen, in dieser schlechten Welt, bei dieser Umweltverschmutzung, kostet bei uns so und soviel.
Ja, nix für ungut, Herr Kaplan, ich bin eben Geschäftsmann, dat ist wohr. Man kann nicht aus seiner Haut. Können Sie dat?

SECURITY

Ich hab mich auf dem Stadthaus beraten lassen, im Dezernat lokale Sicherheit und du kannst es glauben oder nicht, eine fundamentale Sicherheit gibt es nicht.

Du kannst Panzerglas in die Fenster einbauen, du kannst kleine Kellerfenster mit Eisenstäben vergittern, du kannst Sirenen einbauen oder irgendwelche Heulbojen, du kannst Kameras installieren, die dir ganze Krimis abliefern, hoch auflösende Bilder, du kannst Bänder laufen lassen, auf denen Hunde kläffen und jaulen, ganz gegen den Trend, der momentan zum Kleinsthund geht, richtige Rottländerstimmen, vor denen du selber erschrickst, du kriegst eine 100-prozentige Sicherheit nicht in dein Haus rein, wenn es einen begehrenswerten Eindruck macht.

Wenn das Haus leer ist, werden sie auch rein gehen, weil das Profibanden aus Rumänien sind, die aber kein Buch von Herta Müller gelesen haben und nicht warten wollen, bis ein Erdbeben ihnen den Zugang zu diesen Wohlstandshäusern verschafft.

Ich sage zu dem Berater, Jung weeßte wat? Ich bau die ganzen Wertsachen wie Computer, Digitalbox, Indianerschmuck, Nerz und Chinchillapelz im Wohnzimmer als Scheiterhaufen auf, vor dem Kamin, und schreib einen Begleitbrief:

Meine Herren, ehe Sie mir die Wohnung total demolieren, habe ich Ihnen meine Kostbarkeiten, deren Wert etwa 10.000 Euro (umgerechnet 16.000 Dollar) beträgt, im zentralen Raum des Hauses zusammengetragen, verlange aber, dass Sie den Empfang quittieren.
Da brauchste nicht zu lachen, ich meine das wirklich. Und den impressionistischen Schinken häng ich auch gleich mit ab, damit sie mir nicht die Tapeten ruinieren.
Noch lieber wär mir natürlich, wenn du mit deiner Familie, die Kinder ausgenommen, in das Haus einziehen würdest für die zwei Wochen, wo ich in der Karibik kreuze, oder aber ich bestelle mir beim Jugendamt einen Trupp Kampftrinker oder sonstige Chaoten, die dann mit Spirituosen und dergleichen gut ausgerüstet werden und im Garten zelten dürfen, vielleicht auch mal mit zwei räudigen Tölen im Verbund, wer weeß.
Was meenste? Unser Haus lockt die nicht? Weil et unverputzt ist? Braune Backsteine machen die Balkanbrüder nicht begehrlich? Weil die nix von Eifelrenaissance verstonn?
Mann, wat soll ich den Leuten bieten.
Der Pöttering hat schwarze Lawaziegel in sein Haus eingebaut, und sie hand dreimal bei ihm Bruch jemaat. Was wollt ihr Ganove eigentlich noch?
Der Karl in Hamburg hat ja den besten Trick ausgeheckt, der lässt sein Haus an der Elbchaussee überhaupt niemals leer stehen.
Wenn er verreist, engagiert er zwei oder drei Strichmädchen, die dann im Hause wohnen und High Life machen, mit

Festbeleuchtung und Pinot, dazu Oldie-Musik, du glaubst nicht, wie das abschreckt.
Am stärksten wirkt der Schlager von der roten Laterne von Sankt Pauli.

Er singt:

Unter der roten Laterne von Sankt Pauli,
da sang der Wind mir zum Abschied
ein Lied hm hm usw.

KREUZFAHRT

Nachdem also das Kirchendach von Brezthausen fertig war und der Denkmalschutz ebenso zufrieden war wie die Krähen am Turm, haben wir uns endlich einmal den verdienten Reiseurlaub genehmigt – man gönnt sich ja sonst nix.

Begleitung war nicht meine Frau, die hatte terminliche Unverträglichkeiten, obwohl sie sonst eine große Reisetante ist. Wir haben uns auch versprochen, zusammen zu den Maya und Inkaindianern zu fahren. Diesmal ging es aber die Donau hinunter, bist ins Delta erin, und mer hätt Gelegenheit gehabt, sogar fanatisierte Städte zu sehen wie Belgrad und Bukarest, die letztere allerdings mit Omnibusanfahrt.

Durch das ganz schlimme Vukovar fuhren wir aber nachts durch. Ein paar Reisende strahlten die Trümmer mit ihrer eigenen Feldlampe an, hat ewwe nix jebrach.

Der Ort am Delta hieß Vulkovo und fiel auf durch seine ausgedehnten Froschkolonien. Außerdem waren sie unten am Singe, diese ukrainischen Gesänge, Mädcher in Tracht und so.

Angeblich waren wir die erste Deutschen, die diese Einheimischen zu sehen kriegten.

Wat heeßt Deutsche, wir sind Rheinländer, schlimmstenfalls auch noch Preußen, die der Karneval sozusagen konserviert hätt. Schade, dass mer keen Funkenmariechen an Bord han, aber mein Vetter, der Miebes Hein, der mit uns am Tisch sitzt, meente, et wär leichtsinnig gewesen, hier irgeneinen Mensch in Uniform, mit Rock und nackte Been.
Eine von den Stewardessen stammte aus der näheren Umgebung von Tschernobyl. Ich meen beobachtet zu haben, dass die anderen Stewardessen Abstand von ihr hielten. Kann mich aber auch täuschen. Abends trug sie dann Heine-Gedichte auf deutsch vor, so verstrahlt kann die Frau also noch nicht sein.
Morgen geht's dann mit Omnibussen nach Odessa, wo ein weiteres Schiff für uns an der Kette, sprich Anker liegt, dat is hochseetüchtig und bringt uns nach Sewastopol, wo unser schlechtes Gewissen bestimmt wieder frei gelegt wird. Sieh Geschichtsbuch. Ewwe der Mensch muss da durch.

Wir sind dann zwei Tage später den Dnjepr raufgefahren mit Ziel Kiew. War landschaftlich ganz eindrucksvoll. Aber wir hatten jetzt am Tisch einen neuen Passagier, der sich durch sein unverhältnismäßiges Transpirieren auszeichnete. Aß auch so gut wie nix, ab und an en Zupp oder Borsch. Am Bier hatt er schon noch Spaß und kam leicht ins Verzelle… ewwe et woar nit alles so astrein, fand auch Miebes Gisela. Er war übrigens Bayer. Hatte den Russlandfeldzug mitgemacht, und speziell an die Steppen des Dnjepr ganz klare Erinnerungen.

Im Frieden war er Friseur in Rosenheim. Wir mussten laache, denn wieso im Frieden? Haben wir jetzt etwa Krieg? Er meente ja. Unser Freund, er hieß Paul, kam meistens nur zum Abendessen an den Tisch, er aß ja auch so gut wie nix, er trank Bier und war am Schwitzen und tät sich dann entschuldige. Und war am Verzelle über die Schützengräben in der Steppe, und über die goldenen Kuppeln von Kiew, die man als Fata Morgana zu sehen bekam.
Am letzten Abend tät er sich dann entschuldigen, er hätt uns die ganze Zeit über einen Bären aufgebunden mit dem Friseur, er wär in Wirklichkeit Arzt gewesen, und zwar Chefarzt an der Herzklinik in Rosenheim, nur leider schon länger nicht mehr in Amt und Würden, weil er selber herzkrank wär. Ich glaub eher, dass der Mann an seinem Bierkonsum gescheitert is.
Tagsüber war der Mann ja bekanntlich nicht zu sehen, wie die Seeräuber bei Wilhelm Hauff, da lagen die wie tot unter Deck, aber nachts fuhr denen wieder das Leben in die Glieder und die kamen nach oben und machten Spektakel.

In Saporosche, so hieß die Stadt, wenn ich noch alle Zellen beisammen habe, gingen wir ja planmäßig an Land, um ausgesprochene Kosaken zu treffen und sage und staune, die Brüder hausten wirklich noch in ihrer althergebrachten Umgebung, sahen so urig aus wie auf diesen russischen Ölgemälden.
Allerdings hatt ich immer gedacht, Kosaken wären an den

Ufern des Don zu Hause, daher der Name Donkosaken, aber die Reiseleiterin belehrte mich, Kosaken kommen überall vor, wo einmal die Tataren durchgebrochen sind und da in offenem Scharmützel niedergemacht werden mussten. Bis zum Dnjepr kamen diese Horden.
Das Originelle an diesen Typen ist, dass sie genau das Aussehen der Tataren angenommen haben, die sie vernichteten, und jetzt haste lauter farbenfrohe Dschingiskhane vor dir.
Auf der Fischerinsel, wo die Einheimischen ein großes Festmahl für uns vorbereitet hatten mit diesen diversen Sakuski und verdauungslindernden Schnäpsen und Wässerchen, war Paul auch nicht zu sehen, was er vielleicht noch bereut haben dürfte, vorausgesetzt, jemand hatte das Sprachvermögen, ihm seine Verluste zu schildern.
Die Insel wimmelte von Kindern, die uns ihre Adressen mitgeben wollten und uns hübsche Bilder ihrer Heimat gemalt hatten, die sie gerne verlassen hätten. Es war nicht zu übersehen, dass all diesen begeisterten Menschen ein Leben von großer Dürftigkeit bevorstand, und dass unter Tausenden vielleicht ein Dutzend den Nebenarm des Dnjepr je verlassen würden, falls ihnen die Fische und Krebse nicht auch noch ausrissen.
Unser Tischgenosse Paul dachte über all diese Fragen nicht nach, und auch die Vorträge der ukrainischen Dolmetscherin nahm er nicht mit, das einzige, was ihn zu interessieren schien, waren die Maschinenräume des Schiffes: Dort ließ er sich ab und zu blicken. Herauf kam er immer schweißbedeckt.

An unserem Tisch ist dann noch lange gestritten worden, ob der Paul Friseur oder Herzchirurg gewesen sein soll, und wir haben sogar Wetten abgeschlossen.

Wir haben einen Briefwechsel mit der Klinik geführt, aber die haben nix verraten, nur eine Todesanzeige haben wir von dem Bruder bekommen, und da hieß es nur, im Himmel ist mehr Freude über einen Sünder, der heimkehrt, als über hundert Gerechte, die berufsmäßig die Klinken putzen. Wie willste daraus schlau werden?
Kiew hat uns den Mann dann auch allmählich vergessen lassen und wir haben viele schöne Eindrücke gespeichert. Mit dem Miebes Hein und der Gisela bin ich dann überein gekommen, wenn unsere Kräfte es zulassen sollten, eine Pilgerfahrt nach Santiago de Compostela zu machen und zwar nicht allinclusive, oder wie man das nennt und wie der Kerkeling dat angeblich durchgeführt hat, sondern ausgewählte Etappen, und auch nicht, um unser Christentum zu veredeln, sondern um von dem monotonen Jogging wegzukommen, das wir hier zwischen Rodenkrichen und Himmelgeist inszenieren, und auch keinen Crosslauf mehr oder diesen Halbmarathon. Sondern, wenn schon Breitensport, dann dort, wo uns keener kennt.

NACHRUF

Mertes in Schwarz:
Anna, wie konnteste mir das antun und einfach aus dem Leben scheiden, jetzt, wo ich das Kirchendach vom Pantaleon zugesprochen bekommen han. Wie kannste ohne jegliche Vorwarnung von uns gehen. Ich lass mich generaluntersöke und du stirbst mit einer so seltenen und unbekannten Ursache wir Mikroembolie, an der rein statistisch überhaupt kein Mensch stirbt. Mann hett sich doch auf alles andere vorbereitet, aber davon wollteste nix wissen. DU wolltest deinen eigenen Kopf han, Anna, glövste mir dat?
Anna, du hest mich im Stich gelassen, oder anders gesagt, du hast mich der Nachwelt überantwortet. Mitten im Fastelovend. Wo andere schlimmstenfalls vom Prunkwagen stürzen. Was bleibt jetzt nicht alles auf der Strecke? Unsere gemeinsamen Unternehmungen. Die Wanderungen im Bergischen Land, in der Eifel, Picknick an der Emscher!
War et nicht schön, wenn mer uns in der Oberarmpresse gehalten han? Unsere netten Schmusetouren, unsere Erfindungen neuer Kosenamen, unsere Unterhaltungen in künstlichem Esperanto, unsere unvollendeten Sätze? Unsere Monologe ohne Verba. Außerdem wollten wir noch Kurse in Französisch in Castelnaudary nehmen, hattste das vergessen?

Ich weiß, du wolltest mehr Ferien vom Ich, für dein Meditieren und für dein Totschweigen übler Gerüchte, was mich immer nervös gemacht hat – Vergebung! Und deine Arbeiten in Salzteig und die Krippenfiguren für Sankt Maria in Lyskirchen, und am Klavier heste fantasiert bis zur White Christmas, und ich wär in der gleichen Zeit am Dach von Pantaleon beschäftigt mit der Veränderung der Neigungswinkel, um Dachlawinen im Keim zu ersticken. Dass ich den Auftrag doch noch bekommen han, was du nie glauben wolltest. Aber die Wege des Episkopats sind unergründlich, denn ich bin nicht der Billigste gewesen beim Kostenvoranschlag.
Er singt:

Jetzt schleußt er wieder auf die Tür
zum schönen Paradeis
der Klerus steht nicht mehr dafür
Gott sei Lob Ehr und Preis.

Dat is Ökumene.

Haste vergessen, dass deine beste Freundin Olivia durch eine Lawine in den Alpen so jämmerlich vom Leben zum Tode gebracht worden ist und wie du dann wochenlang Klaviermusik in As-Dur gespielt hast, um aus der Trauer heraus zu kommen. Und wie du nur noch im Flachland rochiert bist und keinen Berg mehr sehen wolltest? Und dann gehst du hin und stirbst ihr nach? Haste vergessen,

wie dir auf halber Höhe vom Kilimanscharo ein Massai Feuer gegeben hat, für ne Zigarette zu rooche? Ich vergesse das nie.
Der Schottelius sagt immer, wer schnell lebt, lebt doppelt. Hättst du das vielleicht im Sinn gehabt, Anna? Könnt ich kaum glauben. Ich würd sagen, wir lebten beschaulich, gemächlich, vorsichtig. Du siehst es auch daran, dass ich nie vom Dach gefallen bin. Abgestürzt ja – aber nur auf ebner Erde. Im »Altertümchen« zwei- oder dreimal, durch Cognac-Einwirkung. Du mochtest lieber den Armagnac oder den Grand Marnier. Traurig, dass der jetzt in der Hausbar vor sich hin gammelt.
Und schon die ersten Anzeichen von Mottenfraß in unserem großen Gemeinschaftsschrank. Wär dir doch nie passiert. Et war, alles in allem, kein wohldurchdachter Schritt, mich hier als Witwer zurückzulassen.
Und in deinem Testament haste verfügt: a) Asche wird überm Atlantik verstreut, auf der Seeroute der Wikinger b) keinen Nachruf von Verwandten (Das hätte ich von selber gewusst.), c) weiter mithelfen bei der Kölner Tafel (Ich schätze, damit ist diese Schulspeisung gemeint.), d) Schluss mit den steilen Kirchendächern und nicht mehr Reparaturen auf Minaretten ausführen in deinem Alter, sonst kannst du dich bald zu mir dabeilegen (besser deutsch: dazu legen) (Übrigens hattest du immer gesagt: dabei, was kein gutes Deutsch ist, deshalb hab ich den Passus am Grab auch weggelassen)
Dabei gesagt: Das Grab ist noch offen. Sollte mich ein klei-

ner Infarkt ereilen oder irgendein Aussetzer, wär doch eine Gelegenheit. Alles in allem – miese Bilanz. Und nicht, wie der Schmitz von nebenan faselt: Sie kann froh sein, dass sie's hinter sich hat. Der Mann redet wirklich nur Blech. Ich sage: Schade, ewig schad zu gehen, Anna. Eigentlich unverzeihlich.

ZU ERDE SOLLST DU WERDEN

Ich hab mir die beiden Bestattungsunternehmen genau angeschaut, oder sagen wir, ich hab mir einen ersten Eindruck verschafft, aber et is außerordentlich schwierig, einem von den beiden den Zuschlag zu geben.
Et sind beides alt eingesessene Unternehmen und davon kommt auch die Standortwahl, dat sich beide gegenüberliegen, in Sichtweite, in derselben Straße. Dat sich zwei Bäcker nebeneinander etablieren, dat is ja heutzutage nix Besonderes mehr, auch zwei Schuhreparaturbetriebe schreiten Seit an Seit und haben genug zu tun, Cafés halten enge Nachbarschaft, beide bieten Lattemachiato und diese Neuheiten. Wenn die es alle schaffen, warum dann nicht auch zwei Bestatter?
Ich hab mit den Inhabern gesprochen über ihre Geschäftsauffassung, besser gesagt, von der inneren Linie, davon sprach jedenfalls der Ochtendung. Wir sind ein alter Familienbetrieb, immer krisenfest gewesen, weil wir auch immer zu unseren Leitmotiven stehen. Hier zum Beispiel ein Spruch, den wir immer wieder unseren Kunden angeboten haben. »Ich bin nicht tot, ich tausche nur die Räume; ich leb in euch und geh durch eure Träume.« Dann hett er da in seinem Showroom einen alten Reisekoffer stehen, aus der Zeit von Christian Andersen, und ne alte Aktentasche aus

der Zeit des großen Börsenkrachs. In dem Koffer liegt ein großes beschriebenes Blatt, da steht ein Spruch von Horaz, seine Werke und Aussagen würden ihn quasi überleben, und was kann man mehr verlangen. Ewwe, et ist nit jeder ein Horaz, hab ich ihm entgegnet.
Meine Großmutter lebt durch ihre Sprüche weiter. Zum Beispiel sagte sie immer: »Es geht den Leuten wie den Menschen.« Wer einmal gelebt hat, meint dieser Ochtendung, hinterlässt unweigerlich seine Spuren.
Glauben Sie dat auch? frag ich den Inhaber des anderen Unternehmens, den Herrn Puchtler. Immerhin haben Sie in Ihrem Schaufenster Fotos von den Pyramiden stehen, und Hügelgräber. Man könnte fast den Verdacht haben, dat Sie den Seelen Unterschlupf bieten möchten. Unbewusst, Herr Mertes, höchstens unbewusst. Es scheint doch ein Unterschied zu sein, ob man als Hinscheidender sich gewisse Hoffnungen macht, oder wenigstens Hoffnungen vorgesetzt bekommt, oder ob man gesagt bekommt, lebe gefälligst in deinen Werken und Briefen weiter. Sagt mir der Puchtler, und solang du das nicht hast, dieses Stirb und Werde, bist du nur ein trüber Gast undsoweiter. Wat meint der Mann mit Werde?
Jedenfalls nicht die indische Vorstellung von Wiedergeburt. Sie werden auch keine indischen Symbole in meinen Schauräumen finden. Wohl aber Mumien, halte ich ihm entgegen. Aber wer sich in dem Zustand befindet, wie diese konservierten Pharaos und Heiligen, dürfte sich wenig Hoffnung machen, an der Auferstehung des Fleisches teil-

zunehmen. Als wäre es vielleicht besser, sich gar kein Bildnis und Gleichnis zu machen von dem, was unter der Erde ist.

IN AUGENHÖHE

Sie han jod gepredigt, Herr Vollmüller. Ich han etliche Glaubensbrüder jesprochen, die dat genau so sehen. Ich geh ja ganz gern in die evangelischen Kirchen, mit Predigt oder ohne. Dieser Tage war ich mal widder im Altenberger Dom, und Sie werden lachen, die Kirche wird von beiden Kongregationen benutzt, auch isse halb gotisch und halb oder sagen vier ein Viertel romanisch. Von jedem etwas. Sie steigen noch auf die Kanzel erup, die Katholen nimmer. An anderen Orten ist das gerade umgekehrt.

Auf gleicher Augenhöhe zum lauschenden Publikum zu predigen ist das Modernste.

Wer up die Kanzel steigt, will höher hinaus, was ich von Ihnen ja nicht sagen will.

Was von oben kommt, bleibt besser hängen. Früher war ja auch der Schullehrer ein wenig erhöht, der saß doch up singe Katheder. Siehe Feuerzangenbowle.

Heut werden Sie Mühe haben, noch ein Schulzimmer mit Katheder zu finden. In den Hörsälen der Unis ist es meistens umgekehrt: die Lernwilligen sitzen in ansteigender Form hoch droben, wer spät kommt, meistens weiter untern, da sitzen aber auch die Lernfähigen.

Ich hab das von meinem Neffen, der nimmt mich manchmal

mit ins Auditorium Maximum, wo man etwas über die gesicherte Erkenntnis erfährt.
So ähnlich is et im Parlament. Wer was weiß, der grinst und schweigt, während die Hinterbänkler ihr beim Frühstück erworbenes Wissen gleich in den Saal brüllen.
Aber alle träumen sie von der Augenhöhe. Nur der deutsche Nachtwächter früherer Jahrhunderte tät von unten nach oben seine Warnungen ausrufen, denn Feuer brechen meist in höheren Stockwerken aus.
Et hängt auch viel mit der Akustik zusammen. Wenn Sie mal in Griechenland oder in Südfrankreich waren, dann kennen Se auch die Amphitheater. (Dat hett nix mit Amphibien ze don.) In Trier is auch eins. Wie ich dat mal mit meiner Anna besichtigte, war grad ne amerikanische Pilgergruppe rinjekumme, das waren Chormitglieder, die hatten das gleich spitz.
Ich sage zu Anna, pass ens upp, die dun gleich singe. Und sage und schreibe, esu war et.
Sie fingen an mit When the saints go marching in, wozu ihnen nach meiner Einschätzung eine gepflegte Portion rauchige Bässe fehlten, aber dann kome mehr und mehr die Soprane nach oben und am Schluss hätten die die Bässe bald ganz verschlunge, wie die Einzeller ihre Nahrungskrümel verschlinge.
Obwohl die Natur das meines Wissens anders vorgehabt hätt. Han Sie schon emol eine kapitale Hirsch röhren jehürt, in nächster Nähe? Wenn ja, dann wissense, was ich meine.

Der Kierl muss Stimmbänder haben so lang wie eine Seite beim Kontrabass.
Aber et sind eben Tiere und was wissen die vom Menschen.
Dat ist unser Privileg, humanum vitae, heeßt et glöb ich.
Kleines Relikt aus der Urwelt:
Der Koloratursopran. Nur im Dschungel hören Se Vergleichbares.

CHARITÉ

Prosit, Mitstreiter, dass unser Stammtisch noch lange lebe. Dass wir ihn nicht überleben. Aber ich sag euch eins: der Krach hier ist nicht mehr auszuhalten. Wisst ihr, warum hier so geschrieen wird? Günther, du sitzt zwei Meter von mir weg und ich versteh von dir kein einziges Wort. Dabei haste ein interessantes Thema: Gerichtsmedizin. Würd ich gern was mitkriegen. Ich schätze, du sprichst von der Rosa Luxemburg? Nee? Dann sag ich dir aber was davon. Sie haben jetzt in der Charité herausgefunden, dass sie es ist, aber ohne Kopf. Sie ließ sich auch ohne identifizieren. Es gibt nämlich eine Identität, die sich alleine auf den Rumpf aufbaut. Ich kann hier keine Einzelheiten bekannt geben, sonst schmeckt euch das Bier nit mir, aber ihr könnt versichert sein: Es ist Rosa. Der ganze Keller der Pathologie ist voll von irgendwelchen Umgebrachten oder eigenhändig Getöteten oder Verstümmelten. Die liegen da hinter Glas, dass du denkst, du bist in einem unterirdischen Aquarium. Du kriegst wirklich mit der Zeit zu viel in diesem Monstrositätenkabinett. Und das meiste davon ist entweder ausgewertet oder wird es noch, da haben sie sich entweder irgendein Organ rauspräpariert, das kann ne Leber sin oder ne Niere, oder mehrere, oder sie haben

einfach Gewebeproben entnommen, wie das im Fachjargon so unverdächtig heißt. Denen ist kein Spender zu primitiv. Selbst der unverfrorenste Volksverhetzer taugt hier noch als Ersatzteillager. Vor der Rosa Luxemburg werden sie ja hoffentlich Halt gemacht haben, denn irgendwo endet auch die Kompetenz des hartleibigsten Auswerters, es sei denn, er ist nicht Kriminologe sondern Krimineller. Ich war nach meinem Besuch in der Charité ein veränderter Mensch, sag ich euch rundheraus, hab meine Patientenverfügung in et hinterste Eck des Safes geschmissen, dat können sich die ersten besten Einbrecher unter den Nagel reißen.
Seit die Anna tot ist, ist sowieso niemand mehr im Haus, der mich drängen könnt, meine physischen Hinterlassenschaften jemandem zu vermachen, oder überhaupt der Nachwelt aufzuschwatzen. Ich han ja nix gegen ne saubere Transplantation, sofern sie von einer erwiesenen Leiche stammt, aber wie oft wird gar nicht abgewartet, bis jemand … na, ihr wisst schon. Man lebte früher einfach ruhiger mit dem Wissen, du ruhst in deiner ganzen Fülle im kühlen Erdreich, so wie der Schöpfer dich gemacht hat, und keine einzelnen Bestandteile zigeunern irgendwo in der Weltgeschichte erüm. Versteht mich bitte nicht falsch, ich versteh mich ja selber kaum. Jetzt is et auf einmal so ruhig in der Kneipe, jetzt könntste einen Cent runterfallen hören. Dabei hätt das, was ich gesagt han, jeder hier drin auch sagen künne. Oder meinste nit, Hermann? Du mit deinem halben Magen?

HAARTRACHTEN

Mertes beim Friseur.
Du bist im Grunde umgeben von Perfektionisten. Ich mein dat jetzt nicht handwerklich, dat Sie mich nicht falsch verstehn. Meine Dachsparren liegen zentimetergenau.
Und wenn der Tewes seine Metallwalzen drehen tut, geht es um jeden Millimeter. In dem Bereich ist der Mensch das Objekt der Technik. Oder sagen Se meinetwegen ein Opfer des Fortschritts.
Auch bei mir liegen die Dinge heut anders als vor zehn Jahr. Dat werden Sie mir ehrlicherweise gerne bescheinigen.
Das Positive sehn Sie ja auch, so gut wie kein graues Haar ausgenommen an den Schläfen.
Von den Lichtungen am Hinterkopf haben Sie mir verbatim nix mitgeteilt, die musst ich selber entdecken, in Ihrem Handspiegel, den sie ja immer sehr diskret halten, aber doch wahrheitsliebend.
Könnt einem letzten Endes egal sein, wie man auftritt, ist es aber nicht. Und warum ist es das nicht? Sie können es sich denken, mehr als jeder andere. Sie brauchen bloß in Ihre Nebenräume zu schauen, wo diese Heißlufthelme stehen, und schon weiß Mann Bescheid.
Waschen und legen, hör ich immer und Haare verlängern

und weiße Strähnen reinfummele. Oder sehen Se sich mal extreme Schnauzbärte an, exakt getrimmt wie Scheuerbürsten.
Was teilt Ihnen das mit? Die dermaßen geschönte Person befindet sich auf Partnersuche.
Sie nennen das jetzt auch aufgehübscht oder aufgebrezelt, was ich eigentlich versteh.
Ich kann Ihnen nicht verübeln, wenn Sie jetzt auch eine Art Anfangsverdacht entwickeln. Witwer im zehnten Monat, dat muss bei gewissen Berufsgruppen Hintergedanken auslösen, speziell bei den Verschönerungsbetrieben, geben Sie das zu. Oder, wie die Politiker heute formulieren, räumen Sie das ein.
Mein Sohn Max sagt, ich wär am Ausschau halten, die Noemi dagegen meint, ich wär ein jagdbares Wild. Woraus Sie erkennen, dass die Jugend sich mit diskreten Ausdrucksweisen nicht mehr abgibt. Die sind so vollgesogen mit Seifenopern oder Comedy-Bimbam, dat ihnen die Ohren dröhnen.
Die Welt besteht nur noch aus Beziehungskisten, und wehe du passt nicht ins Schema Pilcher oder Gelenkklinik Gehstduwohl, dann bist du schon jenseits von Adam und Eva.
Und biste nicht selber für alle erkennbar auf Partnersuche, dann sind die dat für dich.
Ich hab zum Glück bloß zwei Kinder, entsprechend ist deren Fürsorge noch tragbar, aber nehmen Se meinen Freund Tillich, mit seinen fünf Pänz, jedes mit eigenem

Bekanntenkreis, wat glauben Sie, Herr da Capo, wat die an lebenslustigen Damen anschleppen?
Darüber hinaus inserieren die auch noch im Kölner Stadtanzeiger unter Kontaktwünsche. Sie haben keine Vorstellung, was für interessante Persönlichkeiten und auch Begabungen für Lebensgestaltung in dieser Stadt versteckt sind.
Einer beginnt seine Annonce mit dem Lied »Mädel ruck ruck ruck an meine grüne Seite… Was ich an Aktien hab, reicht für uns beide«.
Ich hab einmal eine Annonce beantwortet, rein zum Spaß, die Dame schriev, sie sitzt im Schiller-Archiv und kennt die Sachen von dem Mann beinah auswendig, aber Trost könnt sie bei Schiller nicht finden, der Kerl ist ihr zu kopflastig.
Ja sind die Brüder dat nit all?
Die geben dir doch nix fürs Herz, schreib ich zurück. Doch, Goethe gibt was fürs Herz.
Lesen Sie bloß mal den Osterspaziergang. Hab ich getan, denn den Goethe hat ich zehnbändig noch von meinem Vater zu stehen, der war Steuerberater und schaffte 300 Bücher an, keen Haupt- und Grundbücher, wie vielleicht meinen, schrieb ich zurück.

Und viele bereichern sich heute noch aus diesen Klassikern. Gehen Sie schon mal in den Drogeriemarkt? Was steht da auf den Tüten für ein Wahlspruch? Hier bin ich Mensch, hier kauf ich ein. Stammt von Goethe.

BITTE KEIN GOLD

Nee, Mustafa, an Moscheen bau ich nit mit. Nee, auch nicht an der Bedachung. Tanz- und Bewegungsräume der Sufi-Scheichs.

Mit Gold arbeite ich nicht, das wirste vielleicht verstehn. Überlege ens, was die deutsche Bevölkerung sich denken muss, wenn se das sieht, Kuppeln aus lauterem Gold.

Unser Dom ist mit Wellblech gedeckt, und unsere Heiligen sind aus Sandstein, und jeder saure Regen wäscht denen wieder ein paar Pfund Körpergewicht weg, und es Gesicht haben sie schon beinah ganz verloren, und dann sehen se eure Moschee und die Scheichs sind am Danze, und die Imame am Frohlocken, Allah il Allah, oder es gibt keinen Gott außer Gott.

So jet versteht sich von selber, aber ihr meint ja, es gibt keinen Allah außer Allah, stimmt's?

Kennst du den Münchner im Himmel, Mustafa? Der ist auch zum Frohlocken verdonnert. Hallellujah muss der singen, und zwar den ganzen lieben langen Tag. Dabei ist das Hebräisch. Als junger Spund hat er ganz andere Verse zitiert: Ave Maria, dominus tecum, benedicta inter mulieribus. Wenn ich schon Dächer deck, dann aber religionsübergreifend, also auch das Synagogendach. Wat ziehste denn jetzt für ein langes Gesicht? Bei dir hab ich israelische Datteln gekauft und Matze. Und du kaufst beim Nahum Friedmann stilles Mineralwasser. Uferfiltrat vom Jordan. Meinste das gibt es noch nit? Wird es geben, so wie es jetzt auch wieder grüne Büsche und Bäume in der Sahelzone gibt, in Mali und in Zentralafrika.

Dort bricht ein Etesienklima aus, falls du weißt, was damit gemeint ist. Das werden wir hier nördlich der Alpen auch bald haben, so dass wir gar keine Windparks mehr brauchen. In Finnland hab ich kürzlich in der Sauna gehört, ist bereits die erste Kirche mit Sonnen absorbierenden Platten gedeckt worden, also Photovoltaic, und der Kirchenbesuch ist um 20% gestiegen. Der Alkoholgenuss ist um 10% gesunken und nach dem Gottesdienst riecht es nicht mehr so gnadenlos nach Schnaps.

Im Jemen herrscht ja eine ganz andere Bauweise vor, die so genannte adobe Architektur, das heißt die Häuser sind aus Lehm und die Moscheen und Mausoleen auch, davon könnten wir alle lernen, denn die Temperatur regelt sich in solchen Bauten sozusagen von selber.

Ich hab das in einem meiner Kataloge angeboten, Kirchturmdächer aus Lehm. Und du ahnst nicht, wer sich darüber Informationen bestellt hat. Die Zeugen Jehovas. Die kamen mir auch früher schon besonders fortschrittlich vor. Ich weiß, was du jetzt sagen willst, Mustafa.

Dass das, was ich mache, Diskriminierung is. Aber das stimmt nit.

Ich geh heute mit einer Ägypterin ins Kino. Akim, der

Zeltmacher, in arabischer Sprache mit Untertiteln. Und wenn alles gut geht, lern ich arabisch. Dann kann ich eines Tages den Koran lesen. Dann sind wir Konkurrenten und sitzen in der Koranschule nebeneinander. Wenn et mal soweit ist, kannste mich noch emol frage. Ich bin ja lernfähig.

MAX

Max, ich muss dir ens ins Gewissen reden. Du hast mich gestern in der Trinkstube in deine Karten schauen lassen. Oder besser gesagt, in deine Gehirnwindungen und ich will nicht annehmen, dass es nur eine Auswirkung der geistlichen Dünste gewesen ist, die meinem Wiederbelebungsschrank entströmt sind, da du ja von Natur aus und von Kindesbeinen an Verächter dieser Alimente warst und immer nur zu ehrenvollen Anlässen das eine oder andere Gläschen eingefügt hast, die du dich auszudrücken beliebtest. Was ja im Kern richtig ist. In deiner Altersgruppe aber eher ungewöhnlich.

Du bist, was deine Haltung zur Substanz C_2H_5OH angeht, ein Außenseiter und ich kann nur hoffen, dass du keine anderen Substanzen als Ersatz eingeführt hast, somit also wirklich und wahrhaftig ein lebendes Standbild der Enthaltsamkeit zu werden scheinst. Nicht drohst. Denn meine Stammtischfreunde lassen keinen Stichtag vorbeigehen, ohne in ihrem Weisheitsschatz zu kramen, darunter auch die Anmerkung zu machen, dass die Jugend dazu da ist, kleine Fehltritte zu machen, anders gesagt, über das Maß hinaus zu schießen, um später dann die Grenzen zu kennen.

Meine Jugend kennen die Mitstreiter von der Tafelrunde zu wenig, um sagen zu können, ich wär ein Belegexemplar für die eine oder andere Neigung gewesen. Ist aber auch nicht wichtig. Kein Vater muss sich wünschen, dass seine Söhne ihm nachgeraten.
Die Väter, die das wollen, leiden meistens an Selbstüberschätzung. Mein Vater hätte zu gern einen Steuerberater aus mir gemacht, aber es lag nicht die geringste Eignung meinerseits dafür vor. Ich bin anscheinend ein Mensch, der gerne gut verdient, aber möglichst mit seiner Hände Arbeit. Auch meine Mutter hätte es lieber gesehen, wenn ich zu ebener Erde mein Werk verrichtet hätte.
Wider Erwarten lag mir die Arbeit in luftigen Höhen ausgezeichnet, und besonders das Aufmontieren von Gockelhähnen wurde immer mehr meine Spezialität, aber auch das Verlegen von Schieferplatten und Holzschindeln. Es gab kein Material, mit dem ich mich nicht anfreundete, und wenn ich mir deine Praktika zwischen Himmel und Erde ansehe, muss ich eher das Gegenteil konstatieren.
Du bist ein erdgebundener Typ, hast ein Händchen für Schildkröten und Schlangen, jede Tierart hat sich bei dir wohl gefühlt und Nachwuchs gezeugt, jeder Zoo würde sich glücklich preisen, dich als Betreuer zu haben. Dann könntest du endlich einmal mit den angekränkelten Rassen aufräumen, heimwehgeplagte Gorillas, abgestumpfte Leoparden und so weiter und so fort. Oder du greifst endlich ein in die Überschwemmung des Marktes mit Zwergpinschern, dem

so genannten Handtaschenhund und landest im Bundestag als Sachverständiger für Tierhaltung.
Okay, Max, an deinem Gesicht seh ich, dass ich jetzt den gleichen Fehler mache, den ich grade angeprangert han. So ist der Mensch und ich sah das kommen. Aber ihr zwingt mich praktisch dazu. Deine Schwester war genau esu. Holt aus mir das Optimale an Rhetorik heraus, setzt dagegen eine Mauer des Schweigens und wird dann Simultandolmetscher. Dat ist reine Commedia dell'arte, Jung.

NOEMI

Ja, Noemi, gut dat du zuhörst, kannste alles hören. Mit drei Jahren hast du schon zusammenhängende Sätze gesprochen. Besser als Max, der war drei Jahre älter und konjugierte viel schlechter. Der Max schrie mehr als er sprach, du dagegen hast kleine Reden gehalten. Wir dachten, wie soll das enden, wenn Sie mit drei Jahren schon solche Plädoyers hält. Wir konnten ja nicht ahnen, dass eine Phase des Niedergangs folgen würde, wo dir die meisten Wörter wieder ausfallen würden wie schlechte Zähne. Und dass es dann nur noch diese Maulfaulensprache geben würde. Zum Beispiel das Wort cool. Heißt ursprünglich kühl oder abgekühlt. Cool drinks sind gekühlte Getränke. Im übertragenen Sinn heißt cool dann relaxed. Früher gabs dafür das Wort lässig, das hat Onkel Klaus noch verwendet.

Aber dabei ist es nicht geblieben. Gestern sah ich einen kleinen Kerl, wie er seine Nase an einer Schaufensterscheibe platt drückte und eine Märklin-Lokomotive mit dem Wort ›cool‹ lobte.

Cool kann alles sein, was einem gefällt. Du gebrauchst das Wort kaum noch. Manchmal sagst du ›nicht uncool‹. Oder nehmen wir das Wort ›spannend‹. In meiner Jugend konnte ein Buch spannend sein, eine Geschichte von Karl

May oder Conan Doyle, oder ein Film von Hitchcock. Heute redet ihr von einem spannenden Typ oder einer spannenden Frau, sogar ein Hamburger kann spannend sein. Oder das Wort ›krass‹, wenn sich jemand abweichend von eurem Verhaltenskodex benimmt, ist das ›voll krass‹. Ein unverdaulicher Zustand ist ›heftig‹.

Und wenn wir von der älteren Generation euch mit unserem Ehrenkodex nerven, dann geht euch das ›am Arsch vorbei‹. Zu deutsch, ihr hört da gar nicht mehr hin.

Onkel Klaus hat mich aber aufgeklärt, dass die Jugendlichen (Typen und Tussen) höchstens 10 Prozent ihrer eigenen Sprache benutzen, der Rest verkommt.

Eigentlich könntest du ja gut beim Jugendgericht dolmetschen, wo du doch die Sprache der jungen Türken so gut kennst.

›Ich schwör‹ sollen die doch immer sagen.

Oder du wirst Missionarin in Afrika, das stehen auch wichtige Aufgaben an.

Ein Franziskaner hat einmal in der STADT GOTTES einen interessanten Artikel über die Missionsarbeit geschrieben. Er hat vor ein paar Jahren die Bibel in die Eskimosprache übersetzt. Vor allem beim Neuen Testament gab es Schwierigkeiten. Christe du Lamm Gottes – das war ganz unverständlich. Die kennen doch kein Lamm da oben.

Da musste er schreiben, Christe, du Seehund Gottes – das haben sie verstanden, da haben sie sich gleich das Richtige vorgestellt. Und in der Krippe, bzw. im Iglu, steht bei denen nicht Ochs und Esel, sondern Rentier und Huskie.

Daran siehste, die Jungen müssen nicht nur gut beten können, sondern auch Einfühlungsgabe ist wichtig.
Ich schätze, zu den Eskimos wird es dich nicht gleich verschlagen, aber vielleicht zu den Kirgisen oder zu den Paschtunen, könnte ja sein.
Am besten wärs, du kontaktierst den Pater Hinkel vom Rautenstrauch-Museum, der ist in der ganzen Welt gewesen und kennt die ausgefallensten Stämme, da setzt du dich hin.
Nur nach Bayern solltest du dich nicht bewerben, die Sprache ist für Preußen tabu.
Was für die Beduinen Schengen ist, ist für uns der Weißwurst-Äquator.
Host mi?

GARDEMASS

Weh dem, der sich heutzutage um eine Stelle bewerben muss. Ich bin keine 18, aber wenn ich es wär, hätt ich die ausgefallensten Probleme. Nicht einmal so sehr wegen der elektronischen Geräte, die dich mehr und mehr überschwemmen. Da bin ich noch streckenweise lernfähig. Et hat sich auch an der Volkshochschule gezeigt, dass Leute meines Alters und meiner Gesinnung noch was ausrichten können.
Der Schaal Josef zum Beispiel stellt seinen ganzen Wurst- und Fleischhandel auf elektronische Grundlagen; wenn eine Kunde eine halbe Kalbsschulter bestellt, kommt die eigenhändig aus ihrem Gefrierfach und wandert in einem Treppenlift bis zu der Stelle, wo sie problemlos entnommen werden kann. So jet ist machbar.
Aber wenn du dich um eine Tätigkeit bewirbst, wo du dich vorstellen musst, da biste doch als Model 1950 ein ausgesprochen veraltetes Design. Das fängt schon mit einer Größe von 1 Meter 74 an: da wirkst du doch in einem Kreis jüngerer Bewerber wie et Rumpelstilzchen. Wie der Max seine Abitursparty gab, warn seine Klassenkameraden eingeladen. Und die wollten alle ihren Sekt und ihr Bier im Stehen trinken, obwohl ich sie immer wieder aufforderte,

sich zu setzen. Sie fanden es cool, die Generation ihrer Eltern ausnahmslos zu überrragen. Es ließ sich ja nicht übersehen, dass in puncto Brustkasten und Schultern bei den meisten wenig los war, aber in dem Kontext hat das wenig zu sagen, wird auch von den Mädchen kaum erörtert. Die sind übrigens auch alle ganz kompatibel aufgeschossen und hätten beim Küssen keine Trittleiter nötig. Du hast den Eindruck, es spielt sich deren Leben in einer anderen Etage ab, und was du ihnen auch mitgibst an guten Ratschlagen, et kann höchstens ein nachsichtiges Lächeln auslösen.

Ich musste während dieser Party der Kontraste daran denken, dass sich der alte Fritz, der ja bestimmt kein Hüne war, mit einer Leibwache umgeben hat, die aus den so genannten langen Kerls bestand, die ihren König dadurch beschützten, dass sie ihn unsichtbar machten. Im Nahkampf der Schlacht waren sie sicher auch schwer zu überwindende Hindernisse, aber bei der Siegesfeier dürften sie doch gestört haben, und in Friedenszeiten konnte man sie wahrscheinlich auf den Jahrmärkten als Kuriositäten bewundern oder bestaunen. Durchschnittsbürger durften dann einmal auf ihre gespannte Brust eindreschen, bis ihnen die Hände anschwollen. Bilanzierend lässt sich sagen, das Normale ist wohl immer das am meisten Verbreitete. Speit eine Epoche nur Hünen aus, so sinken Männer meiner Maße auf den Level etwas verwachsener oder zurückgebliebener drolliger Typen ab, besinnt die Natur sich aber eines Tages eines besseren und stellt die Produktion von langen Kerls wieder ein, dann wird es wieder Brauch sein, über die langen

Lulatsche zu grinsen. Siehe auch die Typen im Hennesje-Theater. Bis diese Zeit wiederkommt, kaufen wir Schuhe mit ausgesprochen hohen Absätzen, oder lassen sie uns vom Schuhmacher anfertigen.
Vorsicht allerdings auf Dächern. Dort sind lange Knochen nit ungefährlich.

DER RETTER

Mertes auf dem Dach, in Montur.
He Sie, in der Bomberjacke, ich hoffe ja stark, dat Sie her keine Loopings von meinem Dach machen wollen! Sie wissen, dass so jet nit klappt, et ist schon beim Ikarus schief gegangen. Heute gibt es die Drachenflieger, aber dafür brauchten sie eine größere Höhe. Sie können sich im Herbst an uns wenden, da reparieren wir ein Kirchturmdach in Westfalen, aber dort haben sie nicht die romantische Landschaft wie hier und folglich auch nicht die richtige Inspiration. Sie blicken dort auf eine Eisenhütte, die noch voll in Betrieb ist, sogar wenn Sie Glück haben in ein Feuer von Hochöfen.
Man soll, wenn man springen will, nicht zu viel Ablenkung haben, das weiß ich aus diversen Gesprächen mit Lebensmüden, die et alle nicht geschafft han wegen der reizvollen Kulisse. Ich selber bin jüngeren Jahren zwei- oder dreimal lebensmüde gewesen, aber dann dacht ich an das unbeschreibliche Chaos, das ich hinterlasse, und dann stieg ich augenblicklich vom Dach oder von der Brück runter. Schon die vielen Pornohefte wegzuräumen, wem soll ich das denn zumuten? Also die müssense schon mal vorher entsorgt haben.
Oder die Liebesbriefe, zwei Kisten voll, die meisten davon mit starkem Kitschfaktor, dann die ale Klamotten und

die möffenden Schuhe, alles Hinweise auf eine gespaltene Existenz. Ming Moder hinterließ achtzig Paar Schuhe, die Mode von mindestens zwanzig Jahren. In einigen konnte sie nicht einmal laufen, so steil waren die Absätze. Nur Top Models konnten das.

Sie wollte die Schuhe auch nicht tragen, sie wollte sie haben. Die standen im Bad, wenn Besuch kam. Aber jede Frau konnte sehen, dat die ungetragen waren. Nach ein zwei Jahren wanderten die an die Caritas oder sonstige Wohltätigkeitsinstitute oder in Secondhandshops. Ming Moder beobachtete dann die Frauen auf der Straße und fragte sie: Passt er? Ist ja schön, wenn er passt. Ein Dutzend hab ich noch da. Zeig ich Ihnen gleich. Einige hab ich auch schon an Schuhfetischisten verschenkt. Die kriegen die an, Sie halten es kaum für möglich.

Es gibt im Ruhrgebiet einen Berg, der besteht ausschließlich aus Schuhen. Oben drauf ein Gipfelkreuz. Höhe: etwa zehn Meter, Geruch: unsäglich. Gestank ist das, was wir hinterlassen und was von uns übrig bleibt. Teufels Beitrag, anders gesagt. Und als Leiche werden Sie auch nicht gerade Abschied mit Wohlgeruch nehmen. Also überlegen Sie sich das noch einmal gut. Hier habense mein Seil, das ist guter Hanf und hält besser als das Seil vom Whimper am Matterhorn. Schlingen Sie et sich um den Leib und dann klettern Sie langsam aufwärts auf den Schieferhelm zu. Brav! Hük ovend trinke wi zesamme en Flasch Wing. Ich war bei der Feuerwehr. Hab ein stattliches Rettungskonto. Ja datt.

MASSAGE

Dat machense jood, Herr Müllerjans, wie Se den ganzen Rückenspeck da gewissermaßen in Wülsten aufrollen, spricht mich sehr an. Et ist auch angenehm im Gefühl, so vom Wohlbehagen her. Man merkt, man kann noch auf einen Körper zurück greifen. Sie sehen ja an den Überresten meiner Muskulatur, dass ich in den Jugend dem Sport oblag, wie man so altdeutch zu formulieren beliebte, anno dazumals. Och, wat hab ich für schöne Fahrten jemacht, zu Bezirkssportfesten etcetera pp, nee, Gauturnfesten nit, Herr Müllerjans, so alt bin ich wieder nicht, dat ich die noch hätte mitgekriegt, dat war vor meiner Zeit. Aber die Turn- und Sportfeste der 70er Jahre, da kann ich mich noch glasklar dran erinnern, immer kehrten wir lorbeerbekränzt zurück, da hingen so kleine Schleifchen dran, da stand drup, für deinen Sieg, egal, ob du zehnter oder zwanzigster geworden bist, du warst Sieger. Turner war ich, nit Leichtathlet, aber ich lief auch manchmal als Ersatzmann in der Staffel mit. Nee, aber zum Beispiel das Sportfest in Gummersbach, oder die Kreismeisterschaften in Bensberg, da waren meine Salti ja gefürchtet.

Zum Glück bin ich nie in den Hochleistungssport vorgedrungen, Spitzensportler war ich nicht, weder von der Leistung her noch vom Wortschatz her.

Ich war eigentlich ein zögerlicher Turner, ich hing manchmal an den Ringen, die Beine waagrecht nach vorn gestreckt, und dachte, für wat machste dat eingentlich jetzt, würde eine Iltis oder ein Affe sich jemals so bewegen wie du, und das sind hochkarätige Sportler in jeder Beziehung. An den Ringen wurde ich oft philosophisch und musste dann auch manchmal grinsen, und dann schrie der Trainer: Ausdruck! Ausdruck! Und dann wurde mir noch komischer ums Gemüt. Stellen Sie sich einen Turner vor, der am Gerät laut zu lachen anfängt, da zweifeln die Funktionäre ja an deinem IQ.

Erst in späteren Jahren hab ich begriffen, wozu die ganze Plackerei sein muss, es geht nit darum, ein Adonis oder ein Odysseus zu werden oder irgendwie auf den Sockel zu kommen, entweder als Endlaufsieger oder als sagenhafte Persönlichkeit, so wie et auch egal war, ob du'n Huhn bist oder'n Hahn. Et ist leider so, dass dein Body alles aufnimmt, wat du ihm eingibst und auch irgendwie gutartig drauf reagiert, hauptsächlich mit Muskelbildung.

Die Frauen haben mehr Fettgewebe als wir und erreichen schnell eine höhere Gewichtsklasse, punchen aber noch mäßig. Wir schlagen in kürzester Zeit saumäßig hart, stecken aber nix weg. Na, Sie wissens ja selber. Ich nahm monatelang dieses Östrogen ein, um weicher zu fallen, bis ich rausbekam, ich brauchte Anthrogyn. Und so weiter und

so fort. Meine Ernüchterung war riesig und ich war dann auch bald weg vom Fenster der Fernsicht.
Wie man in Boxerkreisen so sagte. Sie werden ja selber aktiver Sportler gewesen sein? – Ja? Billard? Na ja, wahrscheinlich auch mit Nervenverschleiß verbunden, oder? Billardspieler sollen ja besonders häufig in der Psychiatrie landen? Ja? Gell? Stimmt's?

DER SCHATZMEISTER

Liebe Mitstreiter,

ich will euch später anders nennen, sobald wir einmal wissen, was uns wirklich verbindet. Am leichtesten wäre es, wir würden uns zu einer Gewerkschaft erklären, aber zu welcher?

Bau-Steine-Erden geht wirklich nicht, wat heeßt hier überhaupt Steine? In unserem Gewerbe gibt es bestenfalls Ziegel. Also Sparren Ziegel Schindeln, dat ist aber für eine Gewerkschaft zu wenig, dat gäb einen Verband ab oder einen Verein. Es hängt viel davon ab, ob die Kollegen oder Genossen, die anders als wir am Boden kriechen und Fliesen verlegen oder Laminat-Böden, mit herein lassen oder nit. Ich hab aber festgestellt, dat die Großmeister, die ohne Nägel und Schrauben arbeiten, auf uns Hochseilakrobaten mit einer gewissen Blasphemie herabschauen, was ja nicht frei von Paradox ist. Ja, wir bringen da und dort noch Nägel zum Einsatz. Aber erstens: Versucht doch einmal, eine Schieferplatte anzunageln, ohne dass euch der Schiefer splittert, für su jet braucht ihr ein Jahr Spezialtraining. Zweitens sind unsere klerikalen Dächer auf rostfreie Nägel angewiesen, so dass wir letzten Endes auf Edelmetalle zurückgreifen. Der Bischof Schnippenkötter hat sich zum Beispiel für Dübel aus Iridium ausgesprochen. Es wird also schwierig werden, das kleinste gemeinsame Vielfache zwischen uns herzustellen, zumal da seit ein paar Wochen auch die Kaminfeger den Anspruch stellen, unserem Verband zugesprochen zu werden, die ja in den seltensten Fällen ein Dach bzw. einen Kamin von oben kennen gelernt haben. Wo heute der Rauchabzug meist durch Edelstahlrohre vonstatten geht. Dann fehlt nicht mehr viel, und die Installateure von Starkstromkabeln oder sogar von Glasfaserkabeln würden sich an uns ran machen. Wo liegt denn da noch die Gemeinsamkeit bzw. worauf soll denn da der fachliche Ehrenkodex wurzeln? Und welches handwerkliche Symbol soll unsere Eigenart zum Ausdruck bringen? Ich weiß aus eigener Anschauung, welche Schwierigkeiten die Dreher hatten, sich von den Drechslern abzusetzen. Dass jemand, der possierliche Holzschüsseln drechselt, gerne mit einem gleichgestellt werden will, der Granathülsen dreht, kann ich mir vorstellen.

Ich schlage vor, wir bilden jetzt keine Gewerkschaft und keinen Verband und geben den Fliesenlegern eine Abfuhr, und mit den Genossen vom Tiefbau lassen wir uns nicht voll ein, die sich den Beton vom Mund absparen. Wir eröffnen lieber einen Klub, benannt »Zwischen Himmel und Erde«, da können auch Schlafwandler Mitglieder werden oder Mitglieder der Trabertruppe und professionelle Fensterputzer mit Einblick in noble Suiten, und als Gastredner empfangen wir die einschlägigen Profis aus Abu Dabi. Da wachsen im 30ten Stock Palmen und im 40ten

Datteln und up dem Dach spielen die Lük Pinppong. Und dann verleihen wir einmal im Jahr den Orden zugunsten der Freunde der Nordwand. Jetzt bauen sie hier herüm Spundwände gegen das Hochwasser, dat habt ihr sicher schon beobachtet. Hoffentlich reicht das Füllmaterial, obwohl uns vom Hochbau das weniger tangiert als die vom Underground. Aber Solidarität im breiten Sinn wär nicht schlecht, denn der Kauf einer Gondel geht doch ans Konto, und ich weiß vom Spreewald her, wie schwerfällig eine Wasserverkehrsordnung ist. Aus Altersgründen kandidier ich von heute an nicht mehr für den Schatzmeisterposten in der Überzeugung, dass unter euch Jüngeren mehr als nur mancher Geeignete sitzt, der den Sinn einer Betriebskasse begriffen hat und weiß, wie man Geld ausgibt. Sinnstiftend ausgibt. Berg Heil.

KUR OHNE SCHATTEN

Fritz, es ist das erste Mal, dass ich simse und chatte und du bist der erste Empfänger einer elektronischen Nachricht und eignest dich auch als Cousin am besten für diese Art von Nachrichten. Ich wollt die Mitteilung an und für sich unterschlagen, aber im Geschäft wissen ja doch alle, dass ich zur Kur gefahren bin.

Und die erste durchlässige Stelle ist bezeichnenderweise die Amtsärztin, die meine Kurbedürftigkeit bescheinigen musste, aber wie schon vor zehn Jahren keinen Fehl an mir gefunden hat nach dem Vorbild des Pontius Pilatus.

Einzig und allein einen schlechten AZ hat sie dokumentieren können, zu deutsch Allgemeinzustand.

Ihr Schwager, der Doktor Körner, ist fündiger gewesen, weil er ja als Internist überall Zugang hat, und wo er selber nix sieht, kann sein Skatfreund Hasenclever als Röntgenologe hinter den Vorhang spinxen und ein so genanntes Emphysem ans Licht bringen, dat sind kleine Lungenblähungen.

Damit konnten sie schon mehr anfangen als mit dem AZ, und für eine Kur hat es gereicht.

Meine großzügige Kasse hat aber auch begriffen, dat es bei mir vor allem um eine tiefgreifende Prophylaxe geht, sprich

Früherkennung, also Ausspähung des Menschenmöglichen, sofern dazu überhaupt eine Veranlagung vorliegt.
Sie haben mich nach Schönwalden geschickt, einen hübschen Ort am Fuß des Schwarzwaldes, wo auch Weinbau getrieben wird, was mich zu der Annahme befugt, dass hier auch Trinkkuren veranstaltet werden sollen, wobei die Heilstoffe weniger aus den tiefen Erdschichten kommen als aus den Barricks, die du ja kennst.
Die Ärztin, die sie mir zugeteilt haben, kommt aus Ungarn und erinnert mich an feurigen Tokayer. Sie hat voll erkannt, dass es in meinem Fall um die Erhaltung meines Zustandes und nicht so sehr um Heilung geht und hat mir nur ganz wenige Anwendungen in mein Logbuch geschrieben.
Stattdessen hat sie sich verwundert geäußert, dat ich ohne Partnerin bin, wo datt ich doch hier quasi in einer Schattenwelt lebe.
Ich han den Wink gut verstanden, hab ihr aber nix versprochen.
Es muss doch erst einmal abgewartet werden, wie die Tischgemeinschaft sich entwickelt.
Es gibt hier unglaublich viele Möglichkeiten zu Spaziergängen und Wanderungen jeglicher Kompetenz, alle irgendwo zielführend, wie die Politiker sagen.
Bei 600 Meter gibt's Schwarzwälder Torte, bei 800 Erbsensuppe, bei 1100 Meter Speckbrot und Jagertee.
Es hat sich zum Glück ergeben, dass meine Tischgenossen ein jüngerer Westfale, eine 50jährigen Hindelangerin und eine 30jährige OP-Schwester aus Lüneburg sind.

Die letztere hat gleich beim ersten Abendessen bekannt gegeben, dass sie hier keinen Kurschatten sucht.
Frage des Westfalen, ob das auch genügend bekannt gemacht worden ist, denn wie sie aussieht, würden sich schnell Beschützer finden.
Die werden gleich abgeschreckt, sagte Frau Veithen, dann herrschen klare Verhältnisse.
Wir bildeten auch gleich am zweiten Tag eine Wandergruppe, an die sich immer mehr Leute von anderen Tischen anschlossen.
Frau Veithen war offensichtlich der Kern.

Die Wassergymnastik im Solebad brachte ganz unterschiedliche Typen zusammen, so hatte ich als Partner einen Sparkassendirektor, der mich mehrfach ermahnte, ihn kräftiger zu ›pushen‹, weil das im Wasser nötig sei.
Ihn trieb sicher der Ehrgeiz, fitter aus der Sole herauszukommen als er eingestiegen war.
An den Güssen kommt man hier nicht vorbei.
Die Bademeisterin, die den Schlauch auf dich richtet, redet, während sie gießt, fortwährend auf dich ein, von den Wirkungen auf den Stoffwechsel und die Stabilisierung des Kreislaufs.
Dezenter ist das Moor-Wirbelbad. Sie setzen dem Wasser nur einen Becher Moor zu, dann erzeugen sie elektrische Strudel, die wie Massage wirken.
Zehn Minuten dauert das Ganze. Dann folgt die Atem-

gymnastik, wo du dein Zwerchfell zu betätigen lernst – Folge: verbesserte Durchblutung.

Vormittags hält die Chefärztin einen belehrenden Vortrag, bei dem du begreifst, dass du über deinen Corpus bisher nur falsche Vorstellungen hattest.

Wusstest du etwas vom Grundumsatz, der in der Jugend stark ist, sich später immer mehr verlangsamt (vier Stunden Foxtrott tanzen, um ein Stück Schwarzwälder Torte zu verbrennen).

Oder war dir klar, welche Wirkung sportliche Betätigung auf den venösen Kreislauf hat, wie die Ventilklappen und die Muskelpumpen entlastet werden durch erhöhte Pulsfrequenz, bei etwa 130?

Ich selber kam bei einem strengen Marsch auf 128, aber immer fest bergauf.

Frau Veithen kam zum Mittagsmarsch schon wieder mit einem neuen Verehrer, mit seriösen aber hartnäckigen Redensarten, rüstiger Frührentner, aber keiner, der die geforderte Pulsfrequenz bringt.

Bei 800 Meter Höhe legte er einen Stopp ein, während wir weiter hechelten.

Nach zwei Wochen Kurzeit ist unsere Gruppe so groß, dass Annäherungen mit Haftwirkung nicht mehr stattfinden.

Das wär ja gerade das Schöne an unserer Gruppe, äußerte eine Münchnerin, die lange als Frau ohne Schatten gelaufen war.

Vormittags bildete sich eine immer größer werdenden Zu-

hörerschaft um den Hauspsychologen, Dr. Zwick, der mehr predigt als doziert und zwar mit dem Kernsatz:
Alles, was mit mir passiert, bestimme ich selbst. Ich unterwerfe mich den üblichen Einschätzungen nicht, lasse mich nicht messen, bin einzigartig, unersetzbar (das Thema des Hauses!).
Stolz, Würde und Respekt sollten wieder ausgegraben werden, wir verdienen sie und müssen sie beanspruchen.
Ein paar Frauen rebellierten heftig – aber hinterher.
Nicht auf das Wollen käme es an, sondern auf die Vorstellung, schärfte Dr. Zwick ein.
Ich ging nur dreimal zu seinem Vortrag, könnte ihn aber heute schon vertreten.
Man sieht ihn oft mit dem Fahrrad zwischen den Weinbergen herum fahren, die voll autonome Persönlichkeit.
Fritz, du kannst mich am Wochenende besuchen. Wenn du willst, fahren wir dann mal nach Baden-Baden zum Antiquitätenhändler Herrigl, wenn dich das Solebad überhaupt nicht reizt.

P.S. Frau Veithen ist verheiratet und hat drei Kinder. Ein junger Mann aus Minden hat es heraus bekommen.

BLICK INS ALL

Jupp, kennste dich in der Astronomie jet us? Kaum, wie ich dich kenne. Man hat ja schon öfters gesehen, wie die Jungs von der NASA, so genannte Astronauten, früher auch Kosmonauten genannt, sich aus ihrer Kapsel befreien und auch ein Stück aus der Schwerelosigkeit, und dann draußen an der frischen Luft, wat ja auch wieder nicht stimmt, denn Luft is ja keene da, sondern massenhaft Vakuum, also luftleerer Raum, und dann vollbringen sie da im freien Fall, wat ja auch wieder nicht stimmt, denn et ist ja keen Sinkflug, sondern ein Schweben zwischen Zeit und Raum, ihre Morgengymnastik, in hochgradig verhaltener Bewegung, und sie fangen auch noch an jet zu arbeiten und zu repariere, schrauben sie ein abgerissenes Sonnensegel wieder an, aber eben in slow motion, dat kennste ja. Et is kein Vergleich mit einem Fleischhacker im Schlachthof, der die ausgebluteten Körperteile auseinanderhackt, wo quasi jeder Hieb ein Treffer is.

Der Astronaut sieht dann zur Belohnung die Erde aufgehen, allerdings muss er auch die riesigen Wüstengürtel mit in Kauf nehmen, der sagt sich dann, Jung, wir kriegen bald einen trockenen Hals, und nicht bloß in der Sahara.

Unsere Firma hat ja kürzlich den Auftrag gehabt, die un-

dichte Kuppel der Sternwarte zu reparieren. Eine erstklassige Gelegenheit, einen Blick in den Weltraum zu werfen, wat dir ja sonst kaum geboten wird. Allerdings musste zur Nacht kommen, da diese Himmelskörper am Tage nicht hervortreten, was ja jedes Kind weiß. Sternlein sagen die kleene Penz zu diesen Kolossen. So irrt der Mensch, solang er strebt. Aber eins sei doch gesagt:
Dachdecker sehen mehr… zumal im Dunkeln.
Der Sternwärter hielt zuerst einen Lichtbildvortrag über unsere Planeten, von Raumsonden aus fotografiert. Herrliche Formen und Farben! Keiner gleicht dem anderen, manche haben eine Hülle, andere sind nackt, rostigrot, andere haben Ringe aus Steinbrocken. Viele kann man dann in natura nicht sehen, weil sie sich verkriechen. Wie manche Tiere im Zoo.
Man sieht aber gut die Venus. Is ja kein Wunder. 200-fach vergrößert is die Schupfnudel. Sieht aus wie die Mondsichel verkehrt herum. Man muss dann jet wade, bis wieder einige der Herrschaften aus den Orionnebeln hervortreten. Castor und Pollux werden vorgeführt, die kosmischen Zwillinge, und das Sternbild des Stiers. Später soll der Jupiter aufkreuzen, aber dafür haben die Leute schon keine Geduld mehr. Die sollten sie aber haben, denn schließlich handelt es sich um den gigantischen Staubsauger, der mit seiner enormen Schwerkraft die vielen hinterhältigen Meteoriten an sich reißt und sie davon abhält, auf die Erde zu klatschen.
Wir waren jetzt bloß noch fünf Personen am Okular, die

anderen hatten schon aufgegeben. Aber es stand noch eine Attraktion bevor: Der Restmüll einer Supernova, das ist ein Sternenkollaps, die die Chinesen vor tausend Jahren beobachteten. Also räumen die Chinesen nicht nur die meisten Medaillen bei Olympiaden ab, sondern haben auch den Durchblick im All. Gehen Sie nicht, ohne den Mars gesehen zu haben, sagt der Sternenwärter zu mir. Und wenn Sie im Winter wieder kommen, zeige ich Ihnen die andere Seite des Himmels. Bedrohlich oder friedlich, frage ich den Mann. Sehr weit weg und somit harmlos. Aber was den Weltraum-Tourismus angeht, darf ich mir eine leichte Skepsis erlauben. Dürfen Sie, sagt er. Und jetzt gehen wir noch auf ein Märzenbier. Das kriegen se sonst nirgends in dieser Milchstraße.

Na, wer weiß!

NACHBARSCHAFT

Haberbach! Ja Sie stutzen. Dürfen Sie auch. Ich habe Sie früher immer nur Herr Haberbach genant. Das steht Ihnen zu wie jedem normalen Bürger. Aber nur solange er auch wirklich normal ist. Und ich habe Sie mehrfach darauf hingewiesen, dass Sie im Begriff sind, Ihre Normalität zu verlieren. Besser gesagt, sie abzustreifen wie eine lästige Haut.
Heute Nacht haben Sie das Maß voll gemacht, indem Sie in einer Nacht- und Nebelaktion die Fichte abgesägt haben, die ohne jeden Zweifel auf meinem Grunde steht, obschon sie angeblich Ihnen das Licht vermindert. Es ist dies nun schon der zweite Fall eines solchen unregulierten Vorgehens. Vor zwei Jahren haben Sie mir die einzige Birke gefällt und ganz nebenbei auch noch den Holunder, und alle auf meinem Grundstück, so dass Sie nicht einmal des Diebstahls bezichtigt werden können. Aber Sie hatten auf meinem Grund nix zu suchen, Haberbach. Sie hatten immer schon Schwierigkeiten zwischen mein und dein zu unterscheiden. Dabei war es früher ganz gang und gebe, dass Sie sich mit Ihrem Gartenstuhl auf meine Wiese setzten, das war einfach ein alter Brauch und niemand kam auf die Idee, Sie da wegzujagen. Dann zogen Sie zwischen unseren

Grundstücken diesen albernen Lattenzaun und nahmen sich selber die Möglichkeit, in meinem Garten zu sitzen. Nun bitte schön. Wenn Ihnen das was gegeben hat! Dann sperrten Sie Ihre eigenen Mieter von Ihrem Garten aus und grenzten wieder ein Stück Rasen durch einen erneuten Lattenzaun ab, so dass für Ihre Mieter nur noch ein kümmerliches Stück Rasen blieb, wo sie sich aufhalten sollten. Ich nannte diese Maßnahme Ghettoisierung, was Sie vielleicht gar nicht wussten. Es war eine schleichende Ab- und Aussperrung zu beobachten, die nichts anderes war als eine fortschreitende Entfernung von den Menschen Ihrer Umgebung quasi eine unmerkliche Verjagung. Ich sehe als Schöffe bei Gericht immer wieder solche Vorgänge, die nichts anderes beweisen als das Fortschreiten der sozialen Kälte, die, mit den Worten eines Kabarettisten, die klimatische Erwärmung nicht aufhalten können. Wenden Sie mir ruhig Ihr Hinterteil zu, wenn Sie keine Argumente mehr aufbringen. Ach, Sie haben doch eine Vorderseite. Na, es ändert auch nicht viel. Ein Vermieter, der seine Mieter in ein kleines Ghetto steckt.... Brüllen Sie nicht so, ich höre noch sehr gut, wie ein Zwanzigjähriger, hat mir der Ohrenarzt bescheinigt. Ich kenne auch das Geräusch Ihrer Säge. Was würde ich denn bei Ihnen mal demolieren? Vielleicht eine Ihrer kitschigen weißen Gipsfiguren. Die könnte auch bei Goethe im Garten stehen. Aber ich tu's natürlich nicht. Denn der Unterschied zwischen uns ist, Sie sind heimlicher Macho und ich bin ein heimlicher Misanthrop. Nach außen hin sind wir anständige Menschen. Normalos.

DINNER ZU DRITT

Tja, Karl, das Haus ist leer. Niemand mehr da. Und was war es hier ens lustig! Er singt:
Im Leben geht alles vorüber, auch das Glück, doch zum Glück auch das Leid.
Der Max studiert wieder. In Leyden. Holland. Ich hatt ihm abgeraten. Er ist kein Sprachtalent wie Noemi. Aber Schwamm drüber. Noemi ist schon in Burkina Faso. Die Lük denken, sie ist im Kino. Bufasa Kino. Die Kinder gehen nicht dahin, wo man sie hinschickt. Um zu erfahren, was wirklich läuft, wo der Hase hinläuft, was wirklich Sache ist, muss man nach Paris oder Neu York gehen oder wenigstens nach Sankt Petersburg. Auch Dubai kommt in Frage. Aber das tun die nit. Die Jugend will entdecken. Ausgraben. Is jot. Ich bin kein Vater vom alten Schlag, wisst ihr ja.
Abschied haben wir zusammen gefeiert. Türkisches Lokal. Danach Kutschfahrt durch die vergessenen Stadtteile. Sankt Pantaleon noch ens inspiziert, das ist jetzt in unserer Hand. Und an der Synagoge hammer auch ze don, durch Noemis Intervention. Was willste mehr, Jung. Jetzt fehlt nur noch die Moschee, und wenn et die Vordächer sint. »Imam Bajaldi« gegessen und großen Vorspeisenteller. Türkischen Rotwein.

Ich sag zu ihm, Jung, wat willste in Leyden. Faucht mich die Noemi an: Du hast doch keine Ahnung. Der Max weiß 100 Prozent, wo er hin muss. Ich kenn nur die Leydener Flasche, sag ich. Du kennst bluß Dachpfannen und Dachsparren. Mir han ordentlich auf den Putz gehauen. Schade, dass Anna nit mie dabei war. Keine Einsicht hat der Tod. Vielleicht geben uns die Imame noch die Garagendächer. Türken und Israeli vertragen sich. Dat sind kompatible Rassen. Für die ist die Hauptsache, es regnet nicht durch. In den Himmel kommen sie sowieso nit, wir auch nit.
Du kommst in den Himmel, schreit Max, dich brauchen sie da, die vielen Lecks zwischen den Departements. Du häst ja en Schwips, kichert Noemi. Dat darf dat, meint Max. Auf einmal kommen die ganzen Tänzer vom Theater rein und et wird noch lauter. Wahnwitzig schlanke Wiver, da könntste glatt schwach werden. Vater, sät der Max, wat machste denn für Stielaugen. Da ist doch für dich kein Jahrgang dabei. Für Bewunderung ist immer Platz im Internet, meint die Noemi, was die im voll nüchternen Zustand auch nicht sagen würde.
Ich starre also auf meine Favoritin. Auf einmal starten die ne Polonaise, quer durch die ganze Lokalität, und die Gäste werden aufgescheucht, dat sie mittapsen, dat han die uch jedon. Und weeste Karl, wat passeet is? Die Tänzerin, die mich um die Schultern gekrallt hat, ist mit mir up Jück jegange. Da häste den Fastelovend in eener Nussschaol!
Ich war uf einmal nicht sechzig, sondern vierzig. Wärste nur ins Rheinland gekomme, du hättst dich auch verjüngt.

Um zehn Jahr mindestens. Max und Noemi sind um zehn Jahr gealtert, wie die mich sahen. Die reinsten Erzieher. Sind nit mitgekumme ins Pigalle. Wollten sich lieber wie die Quäker verhalten, schlichen zwischen Kiosken rüm. Ich bin schwindelfrei, dat wisst ihr.
Er singt (Melodie: Am Aschermittwoch…):

Im siebten Himmel
Ist alles aus Blei
West-östlicher Diwan
Zu weich für uns zwei –
(danach singt er nur noch ja ja und la la)
Wie schön es auch sei
Es ist alles aus Blei.

OH EWIGKEIT, DU SCHÖNE

Es ist auffallend, Herr Kaplan, wie wenig Zutrauen die Menschen besonders aber die Politiker zu den Salzstöcken von Gorleben haben, die sie einmal für würdig halten, Endlager für Atommüll zu sein, und dann wieder kommen sie ihnen denkbar ungeeignet vor. Mir eher letzeres, wenn ich die aufgedunsenen Fässer seh, aus denen diese undefinierbare Brühe austritt, die das Umfeld kontaminiert und die Phantasie schwer verschmutzt. Leider sieht man viel zu wenig, wie giftig das Zeug is, wie überhaupt das Auge zu wenig zu tun bekommt. Das Hirn eines Physikers hat ja ganz andere Möglichkeiten, wüste Szenarien herzustellen, kann aber dem gewöhnlichen Müllwerker im knallroten Overall wenig davon abgeben. Hört der Mann was von Teilchen, denkt er an Gebäck, spricht der Özdemir oder der Trittin von Teilchen, dann sind die so unsichtbar winzig und derart hinterhältig, dass es den Kenner gruselt. In der Messe hör ich davon wenig. Die Ewigkeit wird von Ihnen da und dort erwähnt, aber meist sehr positiv, und ganz selten oder nie kommt dann das Wort Halbwertszeit vor oder die Urananreicherung, die Leut denken, Sie haben sich versprochen und reden vom Iran, der ja auch angereichert werden kann. Prälat Zaberle hat kürzlich von den Brennstäben geredet, aber er meinte

das Ganze symbolisch, Brennstäbe wären nix anderes als brennende Fackeln, die wir weitergeben, bis sie dann der letzte in offenes Feuer verwandelt. Stimmt natürlich nicht. Er wusste das und beklagte sich über die Sprache, die ein so plastisches Wort für einen so miesen Sachverhalt einsetzt. In der gleichen Predigt meinte der Zaberle, das Wort GAU würde zu unbedenklich verwendet, größter anzunehmender Unfall heißt es, und das sollte man nicht sagen, wenn einen in Indien mal eine Diarrhoe befällt, dann lieber GAD, größter anzunehmender Durchfall. Oder das Wort Teilchenbeschleuniger. Grinsen in den Kirchenlogen. Und Wiederaufbereitung nie in Verbindung mit Gammelfleisch benutzen.
Ein Element, das 100 000 Jahre oder mehr benötigt, bis es zerfällt, sollten wir überhaupt nicht für unsere Zwecke verwenden, weil wir das gar nicht kaputt kriegen. Die Menschen meinen zwar, in diesen Zeiträumen wären sie als Gattung noch vorhanden (wie Schildkröten und Krokodile) und könnten die zerfallenen Mineralien aus dem Endlager ziehen wie ein Bäcker nach zwei Stunden seine Baguettes, aber dat is Optimismus. Der Pintus, ein früherer Bekannter meiner Tochter Noemi, der immer sehr gewagte Thesen aufstellt, behauptet, die Menschheit, wie sie heute existiert, ist ungefähr zehntausend Jahre alt und hätt noch mal die gleiche Zeitspanne zu existieren, dann wär der genetische Vorrat erschöpft und es käm wieder ein Homo Habilis dran, also eine Art Känguruh, bewegungsmäßig und ernährungsmäßig, allerdings ohne Bauchtaschen, da-

von würd die Evolution Abstand nehmen. Jedenfalls gäb es keine Ewigkeit, wie wir sie uns heute vorstellen. Ist ja irgendwo auch logisch. Der neue Typ hat dann auch mit der Unendlichkeit nix mehr am Hut, er nimmt die Abstände zwischen Stern und Stern gar nicht mehr wahr. Die elektronischen Gehirne liegen dann nur noch zwischen den Felsen rum und geben den Jungens Rätsel auf wie die Plastiken auf den Osterinseln.

Sie dürfen nicht denken, Herr Kaplan, dass ich der geborene Schwarzmaler bin. Ich freu mich auch, wenn Sie Recht behalten und so wat wie Himmelreich auf Erden eintrittt. Ungelogen. Dat wär mir bei weitem lieber.

SPRICH DOCH

Mensch, Ansgar! Du führst uns hier ganz schön in die Irre. Denn dass du lebst, das kannste doch wohl nicht abstreiten. Bei deiner frischen Gesichtsfarbe. Dein Blick ist allerdings etwas starr, das geb ich zu, aber es gibt ja auch Lük, die mit offenen Augen schlafen.
Auch Tiere tun das.
Krokodile zum Beispiel täuschen ihre Umwelt mit ihrer Bewegungslosigkeit. Sie liegen da wie ausgestopft, und dann auf einmal schnapp, und es ist passiert. Na gut, auf Beute gehst du ja nicht aus. Wenn man wenigstens wüsste, ob in dir irgendwas vorgeht, und wenn ja, was.
Welteroberungsträume zum Beispiel. Kann ich mir bei dir nicht vorstellen. Du könntest wenigstens eine Art Zeichensprache entwickeln, wie sie die Fernsehansagerinnen für Taube einsetzen, die haben ein ganz reiches Repertoire. Die lassen eine Kinnlade fallen und du weißt, es hat eine Invasion gegeben. Aber was solltest du uns erzählen? Dein Schweigen ist den Umständen ganz entsprechend. Du teilst uns eben mit, Lük, bei mir im Hirn haben sich einige Umgruppierungen ergeben, das kommt in den besten Familien vor und sicher auch bei geistigen Hünen, da schaut niemand ganz durch.

Am besten wär allerdings, hier würde so ein Spezialist auftreten und einen kleinen Vortrag halten über Hirnrinde und Kleinhirn und was links passiert und was rechts und warum du dir so gut Melodien merken kannst aber keine Fahrpläne. Und würde dir ein bisschen Zeichensprache beibringen und was das alles bedeutet. Geballte Faust heißt: ich sage dem Schicksal den Kampf an. Flache Hand: bitte stört mich jetzt nicht, gespreizte Finger: es tut sich was in meinem Organismus, Hand auf die Brust gelegt: es lebe Amerika. Das wird man nicht brauchen. Es ist ja so, ich habe schon viele Kranke besucht, redselig waren die alle nicht. Aber bei dir hat man den Eindruck, dat du uns innerlich kritisierst. Ich bin früher auch gelegentlich in Ohnmacht gefallen, aber ich hatt dabei immer eine wohlwollende Einstellung und hab von den anderen nur gut gesprochen, hat man mir jedenfalls berichtet.
Im Internat bin ich da und dort ausgeflippt und sogar auf der Toilette. Nicht dass du von mir was lernen solltest, ewwe hören sollst du es.
Schwester Aurelia: Ich glaub, der Ansgar hat gegrinst.

SCHATTEN OHNE KUR

Mertes unter dem Wasserstrahl im Solebad.
Dat jibet nit. Die Frau Veithen! Halloo! Halloween! Mit der Badekapp hätt ich Sie nie erkannt. Nehmen Sie die doch mal einen Momang ab. Doch bitte, tun Sie's? Ich wusste, dass Sie noch hier sind, weil Sie von Kurverlängerung sprachen. Aber Ihr ganzer flotter Verehrerstamm ist wohl unterdessen abgereist!? Ich bin ja nur ambulant hier, das Wochenende über, ich hatt aber gedacht, die Frau Veithen aus Lüneburg langweilt sich bestimmt, wenn sie allein mit ihrer Schonkost am Tisch sitzt, kein Winkler mehr da mit seinen spritzigen Äußerungen, keine Frau Auler mehr da mit ihren herben Familiengeschichten, hab ich recht? Ach so, schon wieder neue Gäste. Ob die auch so naturverbunden sind, wie wir? Sich an dem violetten Schwarzwald-Abendhimmel so delektieren. Die Frau Auler war eine richtige Wolkenanbeterin, hatten Sie das auch bemerkt? Ich sprech zu viel Fremdwörter? Kann ich mir gar nicht vorstellen. Nun, wenn Sie das sagen. Aber ich kann soviel zu dem Thema sagen: Am meisten geredet wird in Krankenhäusern. Uns haben sie mal eine ältere Frau auf dem Flur stehen lassen, ne halbe Nacht ungefähr, ich hab mehrmals an die Nachtschwester appelliert, schieben Sie doch diese Frau woanders hin. Nein, nein, geht nicht, die

liegt in einem Vierbettzimmer und die anderen würden sie lynchen. Was sie da erzählt hat, war unverständlich, aber alles mit hochdramatischer Stimme, mit Zorn und Gejammer! Wir ärgerten uns schwarz, aber am nächsten Morgen schämten wir uns schwarz, denn da war sie tot.
Hat man Ihnen hier auch Anwendungen in Lebenslust aufgebrummt? Ich denke, Sie brauchen etwas Abstand vom OP-Tisch, mal nicht so oft Menschen mit aufgeklapptem Brustfell und ähnliches sehen müssen. – Dächer, jede Sorte. Sie fürchten sich vor Dächern? Ich könnte sogar Fabrikschornsteine anstreichen. Ich könnt Sie eigentlich mal auf ein Dach mitnehmen, angeseilt, versteht sich. Sie würden lachen, wie harmlos das ist, z.B. auf das Dach der Pantaleonskirche – sind Sie katholisch? Na ja, wenn Sie aus Lüneburg kommen, wär das ja auch ein Wunder. Ach, ausgetreten aus der Kirche? Was, geschieden auch? Und wer erzieht Ihre drei Pänz? Kinder heißen so bei uns! In Westfalen sagen se Blagen. Die Omas, ja, wenn die nicht wären. Dann sind Se auch nicht völlig radikal in der Frage der Kurschatten. Also haben Sie uns praktisch was vorgeschwindelt. Ist mir nicht voll unsympathisch. Also könnte man über einen Besuch Ihrerseits auf der schäl Sick – also rechtsrheinisch, ens nachdenke.
Ich sag Ihnen, jetzt hat sich meine Spritztour im SPRINT absolut gelohnt. Ich hatt so ein kribbeliget Gefühl auf der Autobahn, ich dacht die Kurknaben stellen sich als Chor vor mir auf und singen das schöne Lied:« Frau Veithen, Frau Veithen, die Welt ist wunder- wunderschön …«

Apropos Kribbele – kribbelt et bei Ihnen auch so? Dabei liegen zwischen uns mindestens 25 Jahresringe! Aber die Abstände werden mit der Zeit immer geringer. Sie heißen Inge Veithen, stimmt's? Kommense mit in den Whirlpool?

OHRENBEICHTE

Mertes im Beichtstuhl:
Sie sind aber nicht der Pater Hingsen, das erkenn ich schon am Räuspern. Sie haben ein sonoreres Organ. An und für sich sollt einem das ja egal sein, wem man sein Intimleben bloßlegt, ist es aber nicht! Es ist doch die Frage, wer holt das Entscheidende aus dir heraus und bei wem bringst du bloß dieses christliche Bla Bla, mit dem dann alle Beteiligten zufrieden sind. Ich hab da Beichtväter gehabt, da wusst ich von vornherein, denen darfst du nix Schwerwiegendes auftischen, dann kriegen die einen Hustenanfall oder sie sagen, du sollst jetzt zur Sache kommen, sie hätten auch noch andere Patienten, nimm deinen Rosenkranz auf dich und ansonsten haal die Klapp. Aber für mich heißt Beichten soviel wie Ausschneuzen, den angetriebenen Dreck an Land kippen, und dann brauchst du einen Abnehmer, der nicht gleich in Ohnmacht fällt, wenn du ihm was Deftiges zumutest. Ich seh in euch Beichtvätern wirklich eine Art Müllschlucker. Es gibt auf dem Gebiet echte Koryphäen. Ich hab daheim so eine Art Beichtatlas: da stehen die Orte und die Beichtstühle drauf, wo man sich wirklich noch voll ausschleimen kann. Und das brauch ich einfach von Zeit zu Zeit.
Bei Ihnen glaub ich, dass Sie so eine Art Wanderbeichtiger

sind, der den Leuten die Hemmungen nimmt. Schließlich erzähl ich doch einem Fremden, der nur einen Tag hier bleibt, mehr als dem Ortsgeistlichen, dem ich das Kirchendach geflickt hab. Bei Ihnen hab ich ein ziemlich gutes Gefühl. Sie riechen ein bisschen nach Rotwein, und das macht mich gesprächig. Von Ihnen nimmt man an, dass Sie sich auch diverse Weibergeschichten anhören ohne die Farbe zu wechseln. Ob ich lange genug trauere und ob Sie sich überhaupt was aus Frauen machen und das auch Ihren Klienten zugestehen. Ihnen sag ich Sachen, die der Pater Hingsen nie von mir zu hören bekommt, die mich aber an der Gurgel kratzen. Insofern bin ich vielleicht nicht der wahre Gläubige. Im Islam können sie mich vielleicht als Ungläubigen ansehen, und im Katholizismus als Wackelkandidat. Wenn die Gemeinde betet: Alle werden wir auferstehen beim jüngsten Gericht, kriege ich einen Hustenreiz und huste drei bis vier Sätze lang jede Aussage kaputt. Bei der Gemeinschaft der Heiligen bin ich aber wieder dabei, wobei ich mir unter Heiligen keine Säulenfiguren vorstelle, sondern mehr diese Formel-1-Piloten in weißen Asbestanzügen oder Raubtierdompteure mit Puffärmeln.

Ich kann gut verstehen, dass Sie jetzt den Beichtstuhl verlassen, aber wenn Sie etwas von Gesprächstherapie verstehen, sind Sie mir für die kleine Entgleisung dankbar, denn Sie können hier jemanden vor dem Kirchenaustritt bewahren, was bei mir ganz einfach wär. Ich habe nicht die Chuzpe, aus der Kirche auszutreten, die solche Kathedralen gebaut hat wie Speyer, Straßburg, Reims und Canterbury usw. usf. … Oder sehen Sie sich die Schieferdächer des Würzburger Käppele an. Sie werden sich dann zugehörig fühlen. Ein Dachdecker ist kein Atheist. Was soll ich? Den 23. Psalm und Goethes Osterspaziergang. Das hat mir noch keiner aufgegeben. Ich glaube, Sie haben das Zeug zum Missionar.

BEIM WEIN

Frau Veithen, wieso fragen Sie mich nach meiner Philosophie? Sie wissen, dass ich keine hab. Früher mal, ja! Bevor ich ins Dachdeckergewerbe einstieg, sahen mich viele als Philosophen an, oder besser gesagt als Weltverbesserer, was ja nicht dasselbe ist. Karl Marx ist als einziger beides. Oder kennen Sie noch andere Geistesriesen mit diesem Format? Ich nicht. Ich gebe allerdings zu, dass ich die meisten Philosophen gar nicht genauer kennc. Was wollen die? So wie ich die versteh, suchen die eine Weltformel.
Die lautet auf Mutter Erde bezogen, am Leben festhalten. Heute früh auf dem Weg zur Gymnastin war der ganze Bürgersteig voll mit Platanensamen. Also nichts anderes im Kopf als Fortpflanzung. Die Tauben und Elstern fliegen in der Gegend herum und suchen kleine Zweige zum Nesterbau. Verschiedene Amseln stimmen ihre Morgengesänge ein. Erstaunliche Vielfältigkeit, aber der Effekt ist simpel. Ob die Gesänge des Mr. Homo Sapiens auch auf solche Wurzeln zurückgehen? Sie setzen doch einen musikalisch interessierten Hörer voraus. Sehen Sie sich die Texte der Musikstücke an, die auf den Charts herumgeistern, es geht fast immer um Partnersuche oder Partnerbezirzung, aber wenn das Ziel erreicht ist, flaut alles enorm ab. – Ich? Sie?

Bezirzen? Aber nicht doch. Mich bezirzen lassen? Schon eher, zumindestens früher war ich nicht abgeneigt. – Sehen Sie sich mal zehn Illustrierte an, alles was sie beinhalten, sind Beziehungskisten. Wer poussiert zur Zeit Angelina Jolie? Wieso ich das weiß? Je nach dem, wie viel Zeit ich in Wartezimmern verbringe. Ich stelle fest, dass ich mich viel zu wenig um eine nette Partnerschaft bemühe. Viel zu viele nette Frauen laufen lasse, statt ihnen nachzusetzen, um ihnen eindrucksvolle Historien vorzusetzen. Die Natur verfolgt im Grunde die selben Ziele wie der Heilige Stuhl: Die Überbevölkerung des blauen Planeten. Man darf das nicht laut sagen und darum meide ich das Thema, wo immer ich kann, aber oft lässt es sicht nicht vermeiden, weil es ja jede Spielart von Mimikry benutzt! In der Botanik geht es unverblümter zu als in der Tanzstunde, die Pollen fliegen überall hin, die Bienen schaffen reichliche connections, beim Tango Argentino zeigen sich anfangs noch jede Menge Hemmungen, und die Umgangssprache hat nicht den Erfindungsreichtum persischer Miniaturen. Ja, Sie lachen, hoffentlich nicht mich aus. Wenn Sie mich nur anlachen, könnte ich noch stundenlang so weiter machen, was ich aber aus Höflichkeit nicht tue. Ob Höflichkeit übrigens eins Lösungsmittel ist oder ob es eher die Libido bindet, konnte ich seinerzeit an der Volkshochschule nicht erfahren.
Darf ich Ihnen noch ein Gläschen einschenken? Gut und günstig ist hier der Vino. Cheers …. Santé… Na sdarowe. Ich bin nicht erschöpfend gewesen, ich weiß. Es liegt an der badischen Landschaft, ihrem terrassenförmigen Aufbau,

alles Schroffe in unserem Denken wird eliminiert. …. Ich begleite Sie jetzt zu Ihrer Klinik und ich benehme mich höflich, als wären wir im Anbaugebiet von Muskateller. Es ist alles ganz eitel, spricht der Prediger Salomo.

NATURKUNDE

Unser Lehrer Gäbel hat uns schon im vierten Schuljahr mitgeteilt, dass wir das Wort Mensch gar nicht erst gebrauchen sollten, er würde es uns auf jeden Fall mit roter Tinte ankreiden, oder besser gesagt anstreichen. Und zwar aus dem einfachen Grunde, weil der Mensch als solcher pur in der Natur nicht vorkommt, sondern immer nur in doppelter Gestalt, als Huhn oder Hahn, wie der Rheinländer zu singen pflegt.

Erst die abgehobenen Berufsgruppen wie Philosophen oder Dichter leisten sich den Luxus, vom Menschen zu sprechen.

Es gibt zum Beispiel den Rentner mit 600 Euro und es gibt den Aufsichtsratsvorsitzenden mit dem hundertfachen Einkommen, eine Rollenteilung, die im allgemeinen widerspruchslos hingenommen wird. Oder es gibt die unterschiedlichen Mindestlöhne, worüber man schon eher Klagen hört. Einem Phantom-Piloten würd ich schon etwas mehr gönnen als der Reinigungsfrau unterirdischer Toiletten, weil er auf ein besseres Nervenkostüm zurück greifen muss. Oder nehmen wir die weibliche Fingerfertigkeit, gewöhnlich höher zu veranschlagen als die männliche, wenn ich auch schon Köche gesehen habe, die eine Mohrrübe in

Blitzesschnelle zerhacken. Und auf der Tastatur eines Konzertflügels kommen sich die Geschlechter schon ziemlich nahe.
Es bleibt aber ein undefinierbarer Rest, genannt das ewig Weibliche, im Alltag nur mit Mühe aufzuspüren, aber in Opern oder Rockspots manchmal überdimensional wahrzunehmen.
Diese Darbietungen von Anna Netrebko bis zu Lena Mayer-Landrut machen dir sonnenklar, dass du von abgrundiger männlicher Leidenschaft erfüllt warst und jahrelang nicht auf deine Kosten gekommen bist.
In La Traviata zum Beispiel stellt sich beim Auftritt dieser Russin auf einmal heraus: Die Welt ist ein großer Puff, und wehe du hast nix in der Brieftasche bzw. im Blut, denn dann gehst du doch recht belämmert nach Hause. Das ist dann die hinterhältige Nebenwirkung der großen Kunst.
Im Leben kommt es so gut wie immer darauf an, die Geschlechterrollen zu erfüllen. Der Mann im tiefsten Inneren ein Torero, die Frau eine Venus, aber keine Venus Williams. Übertritte werden selten toleriert und führen meist zur Lächerlichkeit.
Da und dort entsteht dann das so genannte dritte Geschlecht, eine erholsame, aber von der Natur nicht vorgesehene Erscheinung, ursprünglich einigen Insektenstämmen und Tiefseefischen vorbehalten. Bei Hummeln und Bienen ist die Dreiteilung der Geschlechter hingenommen worden, weil es einfach an Möglichkeiten des Protests mangelte.
Frontaler Sex, sonst fast überall in der Natur geduldet, ist

bei dieser Spezies den Weiseln vorbehalten, privilegierten Wesen, die nichts anderes zu tun haben, als Unmengen von Eiern zu legen. Ihre Kolleginnen werden zu Arbeiterinnen herabgestuft und haben mit Fortpflanzung, sprich Sex, nichts mehr zu tun.

Den Männchen, Drohnen genannt, ergeht es nicht viel besser, indem nur einige wenige in die Begatterrolle kommen und zu guter Letzt auch noch ganz rüde aus dem Stock gejagt werden.

Sie dürfen also männliches Verhalten nur im Ansatz ausüben.

Joy of Sex gibt's in diesen durchorganisierten Staaten nicht, dafür aber tatsächlich das dritte Geschlecht: das Arbeitstier.

Wollen wir uns solche Existenzen auch beim Menschen wünschen?

Ich meine nein. Geben wird es sie trotzdem früher oder später, zum Beispiel wenn die Erdbevölkerung zu stark anwächst. Dann wird selbst eine Traviata keinen Rigoletto mehr erregen. Und im Kontakthof wird es sehr still werden.

LUC UND NOEMI

Ein Schiff geht unter, sobald sein spezifisches Gewicht das des Wassers übersteigt. Genau genommen, sobald zu viel Wasser hineinläuft. Also ist kein Schiff unsinkbar. Ein Flugzeug fällt vom Himmel, sobald der Innendruck zu gering wird oder sobald Außendruck und Innendruck sich angleichen. Na jedenfalls so ungefähr. Leonardo begriff das noch nicht ganz. Wie lange hat die Menschheit gebraucht, bis sie das kapiert hat! Wic lange hat man Vögel beobachtet, bis man dahinter kam. Und wie lange musste der Mensch herumprobieren, bis er Rad fahren konnte, ohne umzukippen. Ich hab eine halbe Stunde gebraucht, bis ich das Gleichgewicht auf meinem selbst verdienten Stricker-Fahrrad halten konnte, die Menschheit hat dazu hunderttausende von Jahren gebraucht. Wenn ich mir vorstelle, ich fahre mit meinem Trekkingrad durch eine steinzeitliche Siedlung oder überfliege im Tiefflug mit einer Cesna die bewohnten Höhlen von Lex Eyzies de Tayac in der Dordogne, dann muss mir doch schwindelig werden angesichts der Langsamkeit, mit der die Menschheit das Konzept der Natur umgesetzt hat. Es ist ganz einfach ungerecht, sich Generationen lang Beile und Messer aus Feuerstein schnitzen zu müssen, während auf einem etwas fortgeschritteneren Planeten die Formel-1-Kutschen mit Wasserstoffmotoren herumzischen. Alles natürlich mal angenommen. Und wieso habe ich den Vorteil, in einem Zeitalter zu leben, das den Düsenjäger hat und das elektrische Licht und den Atomreaktor, wo frühere Artgenossen mit dem Kienspann leuchteten und mit dem Ochsen ackerten?

Wenn der Luc, was mein Schwiegersohn in spe ist oder zu werden scheint, mir gelegentlich ins Gesicht sagt, ich hätte das Schießpulver oder das Porzellan nicht erfunden und die Atomspaltung wäre, wenn ich Laboraufsicht gehabt hätte, erst hundert Jahre später passiert, dann kann ich ihm nicht wirklich widersprechen. Aber du – sage ich dann zu ihm – bringst die Menschheit auch nicht weiter, im Gegenteil, du hältst sie auf. Dann werfen wir uns minutenlang Dinge an den Kopf, die die Menschheit ohne uns hervorgebracht hat, und das ist eine fatale Menge. Er sagt: Was hast du dazu beigetragen, dass die Integralrechnung eingeführt werden konnte oder der Logarithmus? Ich kontere: Hast du irgendetwas dazu beigetragen, dass der Tuberkelbazillus bekämpft werden konnte? Du hast dich vornehm gedrückt, als die Brüder Wright ihr erstes Flugzeug in die Luft brachten, und jetzt fliegste vergnüglich mit, werfe ich ihm an den Kopf. Und wo ist dein Anteil an der Rückzüchtung des Wildpferdes? Hält er mir vor.

Manchmal müssen wir lachen und manchmal ist Noemi dabei und mischt auch noch ein bisschen mit. Ihr habt Schwein gehabt, dass ihr jetzt lebt, aber ihr seid ziemliche

Schmarotzer. Luc darauf: Wir sind alle Schmarotzer. Wir verstehen uns gerade mal darauf, bestimmte Knöpfe zu drücken oder die Maus am PC richtig zu handhaben und im Internet herumzusurfen. Alles Wesentliche rauscht an uns vorbei. Im Mittelalter hatten sie das alles nicht. Damals ahnten sie nicht, dass sie auf einer Kugel lebten. Und wir wissen's und können's uns nicht wirklich vorstellen. Seht euch die Vögel an – sie ahnen nichts von alledem und leben weiter wie zuvor. Ohne Wissen, ohne Theorien, aber mit Zuversicht. Sollte es einen Schöpfer gegeben haben, dann hat er wahnsinnig viel Zeit gebraucht, seine Vorstellungen zu verwirklichen. Wenn er denn welche hatte. War er dagegen nur ein Probierer, dann war er ein sehr sehr langsamer, der nur mit Zufällen arbeitete, wie bestimmte Regisseure. Oder sagen wir, ein Typ wie unser Chemielehrer, der nur experimentierte, wenn die ganze Klasse in den beiden hintersten Reihen zusammengepfercht war. Er machte aber immer lieber Sprengstoff als Heidelbeerwein. Der Schöpfer ebenfalls.

Du willst wissen Noemi, warum ich ein Jahr vor dem Abitur die Segel gerefft und nicht weiter gemacht habe. Ich hab dir das meines Wissens schon erklärt. Liebeshändel waren schuld. Falls dir das was sagt. Zu viele Amouren gleichzeitig, aber schlecht unterfüttert. Jede Frau nur für bestimmte Zwecke eingesetzt. Das kennste: Luc ist auch so ein Typ. Aber du gehst besser damit um, nehm ich mal an. Die wetterharte Mehrzweckfrau. Was anderes bleibt dir heut nicht mehr übrig.

TRÄUME

Mertes im T-Shirt von Harvard oder Yale.

Also, um die Wahrheit zu sagen, Herr Professor, ich hatte eigentlich nicht damit gerechnet, mir noch einmal meine eigenen Träume aufschreiben zu müssen. Und so lang das nur der übliche Kinokram war, hab ich das auch sein lassen, aber die neuen Folgen sind irgendwie anders.

Es hat alles mit Automaten zu tun, aus denen man komplizierte Genehmigungen herauszieht. Und Genehmigungen brauchst du jetzt für alles: Wenn du einen Zug besteigen willst, wenn du mit dem Bus fahren willst – du brauchst eine Genehmigung.

Bist du dann drin, musst du dir eine Genehmigung besorgen für einen Tisch zu belegen. Sitzt du dann am Tisch, kommt eine Frau in bunten Hosen und fragt dich, ob du für sie eine Zulassung hast, sie wäre nur für bestimmte Tische zuständig. Prompt ist es die Falsche, du musst die Frau im schwarzen Anzug rufen.

Sie kommt auch, stellt dir aber einen elektronischen Wecker auf den Tisch und klärt dich auf, dass du in fünfzehn Minuten bedient wirst. Du solltest aber schon mal deinen Ernährungsplan bereit legen. Ich frage, was das ist und dass ich noch nie etwas von einem Ernährungsplan gehört habe. Sie fasst dir in die innere Jackentasche und zieht eine grüne

Karte heraus, auf der die verschiedensten Lebensmittel abgebildet sind. Ob ich denn keinen Getränkeplan hätte, denn den brauche ich unbedingt, weil zu jedem Gericht bestimmte Getränke gehören.

Ich versuche lustig zu sein bzw. zu scherzen und sage, das sei ja hier fast wie 1984 von Orwell. Sie lächelt säuerlich und sagt, wir hätten jetzt 2020.Und Orwell wäre ja nun wirklich ziemlich antiquiert. Ich sage, der Titel müsste geändert werden. Nicht nur der Titel, alles wirkt verstaubt. Ich sage, dieses Wort hätte ich in letzter Zeit öfters gehört.

Sie kommen aber auch wie aus dem Mustopp, lispelt sie. Wo kommen Sie denn eigentlich her? Sie kommen mir vor wie mein Großvater in seiner Spätzeit wo das Leben noch nicht genehmigungspflichtig war. Allerdings, sage ich und komme mir dabei ziemlich großartig vor, und das soll auch weiterhin so bleiben.

Da fängt die Frau an zu lachen und meint, schlafen Sie mal weiter.

Kannst du dir ein Leben vorstellen, wo nichts genehmigungspflichtig ist, sagt sie zu der Frau in den bunten Hosen. Das kann es gar nicht gegeben haben, sagt die Andere. Er behauptet, das hätte es gegeben. Immer wieder begegnet man solchen Typen, die behaupten es hätte früher pauschale Freiheiten gegeben.

Man hört da am besten überhaupt nicht mehr hin. Denn diese Typen machen dich nur verrückt. Hier war einer, der behauptete, du hättest früher die Möglichkeit gehabt zwischen 100 verschiedenen Reisezielen zu wählen.

Die beiden Frauen brachen in lautes Gelächter aus, und das haben sie dann als Freiheit angesehen. Stell dir einen Sonntag vor, an dem du früh aufstehst und nicht weißt, was der Tag dir bringt. Wo du praktisch bis elf hin und her überlegst, was du machst. Und so was wird dann auch noch Freiheit genannt!
Genehmigungen mit zeitlicher Befristung hab ich für den nächsten Sonntag. Was soll da schief gehen! Ich könnte noch weitererzählen, aber irgendwie ist der Traum dann auch explodiert und ich habe meiner Bedienung den Kaffee in den Ausschnitt geschüttet, und dafür hat sie keine Genehmigung verlangt, obwohl sie keinen Hitzeschild hatte. Aber stellen Sie sich doch einmal vor, so etwas könnte Wirklichkeit werden und man brauchte für jeden Stuhlgang eine Bewilligung. Wo bliebe denn dann das Recht auf freie Wahl des Urinals?
Ich denk oft, was ist das, ein freier Mensch, sind wir das überhaupt oder ist das nur eine Illusion? Was sagen Sie? Wissen Sie, was ich im nächsten Moment sagen werde? Und vielleicht zieht irgendwo auf irgendeiner fremden Galaxis ein bewohnter Planet seine Bahn, und da sitzen wir zeitverschoben auf den gleichen Bambusstühlen und reden den gleichen Tinnef vielleicht ne Oktave tiefer. Könnte doch sein. Ich geb jedenfalls keine Garantie. Nä nä, lasst mich in Ruhe mit Zwangsvorstellungen. Dat is Psychokram.
Der Kern des Lebens ist die Freiheit.

SCHWERELOSIGKEIT

Liebe Kurgenossin!

Du schreibst mir in deinem Brief Bücher auf, die ich lesen soll, um meinen Leberspiegel zu verbessern. Aber erstens: Was ist dir über meine Leber überhaupt bekannt?Und zweitens kann ich den Verdacht nicht abstreifen, dass du es eher auf meine Gehirnwerte abgesehen hast, denn es ist ja allgemein bekannt, dass sich in meinem Kopf keine wichtigen Namen mehr halten und keine Titel wertvoller Menschen. Beispielsweise habe ich Humphrey Bogart zum Kapitän Ahab auf der Andrea Doria gemacht und Nofretete zur Kindsmörderin in Troja. Alles war falsch. Darum sind deine Bücher auch nett gedacht, aber das reicht nicht. Das interessanteste von den Büchern war das, was oben drauf lag.

Die Liebe in den Zeiten der Malaria, liest sich aber trotzdem ziemlich schwer. Nein, Cholera muss es heißen. War auf seine Art anregend, aber übertrieben. Schöner wäre: Liebe und Eifersucht in der Schwerelosigkeit. Die sollten mal einen Krimi schreiben, der in einer Raumstation spielt. Falls es den nicht schon gibt. Hast du eigentlich schon einmal gehört, was passiert, wenn in einem Raumschiff geschossen wird? Ich kann mir kaum vorstellen, dass die Projektile auch nur die dünnste Weste durchdringen. Und viel besser kämen die Jungs da drin auch mit einer Prügelei nicht zu Potte. Sie wären völlig auf die Durchschlagskraft ihrer Beschimpfungen angewiesen. Ob sich also überhaupt eine anständige Aggression in der Station bzw. auf dem Mond mit seiner Dünnluft entwickeln würde? Eine Hüpfburg das Ganze. Und umgekehrt die Venus mit ihrer größeren Schwerkraft: Die Kombattanten würden doch allenfalls am Boden kriechen und die Fäuste schütteln und sich gegenseitig kaputtlachen. Die Erde kann man also gut und gerne das Eldorama der Verbrecher nennen. Eine Mafia auf der Venus dagegen – finito.

Entschuldige mein Ringen nach Worten. Du solltest meine Tochter Noemi kennen lernen, sie hat den größten Wortschatz in der Familie, ist aber trotzdem als Schweiger bekannt. Wenn ich sie überreden könnte, an unserer Ballonfahrt am Wochenende in der Rhön teilzunehmen, könntest du ihr vielleicht näher kommen. Sie ist absolut schwindelfrei, macht auch mit ihrem Freund Luc Fallschirmspringen und klettert in Wänden vierten Grades herum. Es wäre auch merkwürdig, wenn sie als Tochter eines Dachdeckers von Höhenangst befallen würde. Und Luc ist genau so. Der Handstand auf der mittleren Plattform des Eiffelturms war ganz unnötig, aber Luc ist einfach nicht auf normale Höhe einzupendeln. Tanzkurse sollte er machen, das würde mir imponieren, aber da zieht er nur die Brauen hoch. Hürens, Inge vielleicht lernst du die beiden kennen und lässt deinen

Alltagscharme spielen, das würde mit Sicherheit wirken. Wirkt ja auch bei mir.

Jetzt fühle dich durch die kommunale Mangel gedreht und nachhaltig gepresst von deinem mühsamen Heinrich, wie einst im Whirlpool.

DAS LEERE HAUS

Hür ens, Inge, ich weiß schon, was du sagen möchtest, aber sags nicht. Noch nicht. Lass mich es sagen, dann ist es weniger scharf. Ich vertrag nicht mehr so viel Wahres und Schönes in dem Alter. Dir gefällt mein Haus, ich kann das doch sehen. Vielleicht haste auch kein eigenes, oder du musst es mit irgendwelchen Chaoten teilen. In unserem Land geht es ziemlich eng zu. Hier war auch mal mehr Leben, als Anna noch lebte und die Kindererziehung betrieb. Hier war ein ständiges Rein und Raus. Die reinste Karawanserei. Später fanden hier Tea-Parties statt, mit politischer Hintergrundstrahlung. Die große Leere und die große Fülle standen sich hier krass gegenüber. Du kennst so was nicht, das seh ich. Gab es aber. Denk jetzt nicht, es gäb noch eine dreizehnte Tür, die verschlossen bleiben muss. Ich schließ sie gerne auf, obwohl ich im Moment nicht weiß, was drin ist. Wahrscheinlich ist es die Kunst. Sogenannte Kunst. Manche Leute haben mich gemalt, mit Kohlestiften oder mit Rötel. Ein gläserner Paravent ist drin, mit erotischen Motiven bemalt, von Anna zeitlebens abgelehnt. Dann sind Büsten drin, die Gippsköpp von Hjalmar Schacht und Baldur von Schirach, ein nachempfundener Fettstuhl undsoweiter und so fort. Mit Gips hab ich es nicht, Inge. Wenn's Schiefer

gewesen wär, da hätt ich ganz anders reagiert, aber mit Schiefer können die meisten nix anfangen, es wäre für sie kein formfreundliches Material. Stimmt aber nicht. Ich selber hab Schmuck gemacht aus Schiefer und aus Quarz, ohne spezifische Ausbildung, aus reiner Veranlagung. Ist machbar. Ich mach dir ein Collier aus Katzensilber, du wirst es kaum glauben. Und aus Schiefer ein Armband. Wenn du noch Power hast, gehen wir jetzt in den Keller und ich zeig dir meine Werkstatt.
Das Treppengeländer hat ein Bruder von Anna geschnitzt; sein Lieblingsmaterial war Lindenholz. Die Köpfe an den Absätzen sind Ungeheuer vom Dom in Dijon. Hier war einmal die reinste Dombauhütte. Ich musste am Ende meinen Mietern kündigen, auch wenn mir das Leid tat. Aber wenn du Interesse an einem Zimmer oder auch mehreren hättest, könntest du ohne weiteres einziehen. Ich hörte, du hättest drei Kinder? Stimmt nicht? Wie viele Kinder haste? Eins? Ja bitte. Das lässt sich doch hören. Wenn du den Drang verspürst, dir eins oder mehrere Zimmer nett einzurichten, wär ich ausgesprochen zugänglich. Nur meinem eigenen Geschmack gegenüber bin ich ablehnend. Zu schlechte Erfahrungen! Meine Tochter und mein Sohn hatten hier bis vor kurzem noch Asyl. Noemi hatte ein sehr sonniges Zimmer, Max ein schattiges. Ich ließ ihm aber rosa Licht legen für seinen Reptilienzoo. Angeblich mögen die Echsen das. Ihn irritierten aber im Winter die Dachlawinen, die mir sympathisch sind.
Noemi hat einen Stock tiefer ein anderes Zimmer, das sie

sich eingerichtet hat als Sakristei. Dort bewahrt sie Priestergewänder auf, die sammelt sie, Schärpen und Cingulums, auch die Gewänder von Messdienern hat sie vorrätig. Sie predigt auch schon mal. Nicht, dass du uns jetzt für lauter Verrückte hältst! Noemi behauptet, wenn sie eine bestimmte Kleidung trägt, fallen ihr die passendsten Wörter ein. Das scheint mir ganz normal. Denk an den Karneval. Sie hat eine sehr schöne Sammlung von Bischofsmützen. Ich setz mir mal eine auf. Wie komm ich dir vor? Vertrauenswürdig, siehste.
Jetzt gehen wir noch in die Bar und nehmen einen McDuff Uralt. Haste schon Heimatgefühle? Siehste. Die sind hier Ehrensache. In meiner Bar wird jeder heimisch.

FEGEFEUER

Herr Kaplan, dat Sie nicht denken, ich wollte Sie auf den Weg der weltlichen Genüsse umlenken. Obwohl Sie schon ein ganz achtbarer Skatspieler sind und beim Weizenbier auch Figur machen. Aber damit sind Sie noch lange kein Weltmensch. Sie wissen schon, was noch fehlt! In erster Linie einmal Kleider, Klamotten, Klunken. Die Priestergewänder stehen Ihnen gar nicht. Sie würden sich viel besser machen im Smoking oder im Sakko. Oder meinetwegen auch in irgendwelchen Uniformen. Die deutsche Luftwaffenuniform würden Ihnen starken Auftrieb geben. Sogar Gestapo. Ja, jetzt nehmen Sie die Hände wieder runter. Ich meine das ja nicht inhaltlich, ich sehe in Ihnen ja nur den Dressman. Auf Frauen wollen Sie ja nicht wirken, was mir überhaupt nicht einleuchtet. Ist mit Sicherheit ein Fehler. Ich kannte einen Motorradseelsorger, der war sich nicht zu schade, in lederner Montur aufzukreuzen. Er fuhr eine Kawasaki und kehrte in Motorrad-Bistros ein, südlich von Solingen. Seine Anhänger hatten keine geistigen Inhalte, die konnte man leicht missionieren. Hell's Angels seid ihr absolut nicht, sagte er denen. Heaven's Devils seid ihr. Und las ihnen auf ihren Treffs immer aus der Divina Commedia von Dante vor. Zunächst lachten die Brüder, aber mit der Zeit fassten sie Tritt. Denn Meister Dante war gar nicht so angekränkelt von des Gedankens Blässe. Da gibt es die gesottenen Sünder, Aufgehangene am Dornbusch. Einige werden von Hunden mit den Zähnen zerrissen, auf andere regnet es Feuerflocken, einige werden von Teufeln mit Peitschen gejagt, wieder andere fallen in eine Grube, in der alle Seuchen aufeinander treffen. Wieder andere werden der Länge nach gespalten oder verstümmelt, leiden unter Wassersucht. Und so geht es weiter. Überhaupt herrscht sehr viel Individualismus, jeder bekommt seine persönliche Strafe. Ein allgemeines Feuer, in dem alle ausnahmslos rösten, gibt es bei Dante nicht. Die Geistlichen haben keine große Freude an ihm Die Teufel haben bei Dante übrigens alle Namen. Grauseschwanz und Fröstetretel, Drachennaser und Scharlachmohr, Sausfeder und Karfunkelpollt. Man glaubte, wer solche Namen trägt, kann so schlimm gar nicht sein. Sind aber viel schlimmer als ihre Namen. Eine typische Besonderheit des Fegefeuers: Man wird in falschen Hoffnungen gewiegt. Alles kommt schlimmer, als erwartet. Nun gut, wir sollten uns nicht an Dante orientieren. Er gehört weiß Gott nicht zu den Mutmachern. Genauso wenig wie Ignatius von Loyola oder Hieronymus Bosch. Aber es wäre besser, ein bisschen sündiger zu leben und sich des Spruches zu versichern: Lasst alle Hoffnung fahren.

MER MUSS JON KÜNNE

Ich habe es euch gesagt: Gold ist nicht meine Welt. Schon am Goldenen Dachl in Innsbruck hab ich das klargemacht. Wundert es euch, dass ich von einem goldenen Dach gestürzt bin?
Moscheendach, muss dabei gesagt werden.
Meine Welt ist der Schiefer, bzw. das Zinkblech und Blei. Da ist mir 25 Jahr nix passiert. Eine Woche Gold und ich rutsche ab. Die falschen Schuhe vermutlich, dabei stehen auf dem Speicher 8 Paar, für jede Art von Dach.
Unterlassungssünde: Schlafwandeln auf den Dächern von Istanbul, unter Leitung eines einheimischen Fremdenführers. Kein türkischer Dachdecker besitzt den Leichtsinn, ohne Schulung Moscheendächer zu besteigen.
Ewwe ne bergische Jung bringt dat fädig. Er stürzt. Passiert ist nicht viel, aber der Ruf hat schweren Schaden gelitten. Mertes und Kompanie ist so gut wie erledigt. Jetzt macht der Laden zu, meine Jungs teilen sich im nördlichen Rheinland auf, ein einziger wagt sich nach Köln, da gibt es zwölf romanische Kirchen von europäischem Rang. Viel Glück Sebastian. Mir ist zumut wie dem Jagdflieger Oesau: 100 feindliche Jäger abgeschossen, dann selber vom Himmel herunter geholt. All zu kühn kann sich nit halten.

Ritterkreuz mit Brillianten hab ich nicht bekommen, Bundesverdienstkreuz uch nit, wohl aber die Einladung nach Castel Gandolfo. Das wird sozusagen mein Schwanengesang. Glaubt mal bloß nicht der Mertes fällt dann wieder um, deckt auch noch in Piemont weiter, wo er zwei Einladungen bekommen hat: immer nur Schiefer. Die Italiener sind geil auf Schieferdächer. Sogar Ravenna käme in Frage, das Grabmal der Galla Placidia! Genau genommen steh ich am Anfang meiner Karriere und nicht am Ende.
Mer muss jon künne. Und ich kann dat. Ich kann dat besser als jet Neues anzufange.

Ehrlich!

POST AUS ROM

Gentile Signore Mertes
Con grande interesse abbiamo ricevuto la vostra offerta d'una reparazione degli tetti de chiese. Le fotografie de tetti di Chappele a Wurzburgo ci hanno specialmente piacuto.
La Santa Sedia mi ha incaricato da entrare in trattative sul argomento dei tetti. Sie tratta die edeficii solamente die Castelgondolfo a non di Roma.
Nel caso che la nostra offerta loro accetta ei lasciate sapere.

Gentleman Mertes
Mit großem Interesse haben wir erhalten Angebot ihriges für eine Reparation von Dächern der Kirchen. Die Fotografien der Dächer des Käppele von Wurzburgo haben uns besonders gefallen.
Der Heilige Sessel – Stuhl sagt man glaub ich – hat mich karitasmäßig aufgemuntert einzutreten in Verhandlungen über den Zustand der Dächer, vermute ich. Man verhandelt über Bauwerke nur von Castelgandolfo aber nicht in Rom. Claro, die haben ja auch ihre eigenen Handwerker und nicht einmal schlechte.

In dem Fall, dass unsere Offerte von Ihnen akzeptiert wird, lassen Sie es uns wissen.

Gelobt sei Jesus Christus
durch Prel. Augusto Kantholz

Mertes:
Wieso seine Offerte? Wir machen doch eine Offerte? Gut, egal wie. Wir fahren nach Italien und luren die Gebäude an. Und nehmen am besten auch rote Ziegel mit, auch wenn sie die selber haben. Frau Römhild! Warum haben Sie gleich nach Rom geschrieben? Haben Sie gedacht, nicht kleckern, klotzen?
Er stellt Radio Vatikan ein, das berühmte Pausenzeichen ertönt.

Horst Wolf Müller
1935 in Langenbielau (Schlesien) geboren. 1945 Flucht nach Bayern. Studium der Germanistik und Anglistik in München, Münster und Kansas (USA).
Horst Wolf Müller ist vorwiegend mit Theaterstücken hervorgetreten. Fünf Stücke sind in den 80er Jahren an verschiedenen Theatern aufgeführt worden, u. a. in Konstanz, Karlsruhe, Regensburg und Salzburg. Daneben entstanden eine grosse Anzahl von Kurzspielen und Satiren für den Rundfunk.
Im NordPark Verlag erschienen 2008 seine Reiseerzählungen »Ostdrift«.

Horst Wolf Müller
Ostdrift
Drei Reiseerzählungen
Paperback
256 S., 2008, 17 Euro
ISBN 978-3-935421-27-0

Die Reisen durch Thüringen, die Besuche in Prag, die Impressionen, Erlebnisse und die Begegnungen vor und nach Glasnost und der Wiedervereinigung. Horst Wolf Müller beschreibt in einer überaus klaren Sprache und behutsam gesetzten Bildern Menschen in ihren alten und neuen Welten und zeigt die Erlösung nach dem Wandel der Nationen in Ost und West und auch die Wunden, die der große Umbruch schlug.

> *»Ich habe Prag wiedergesehen, nach achtzehn Jahren. Es ist nicht mehr die Stadt von damals, eine Stadt der Kasernierten und der Camouflierten, der Vorsicht und des Flüsterns. Es ist wieder die Stadt in der Mitte Europas, in der ein lauter und bunter Menschenstrom den Muff von vierzig Jahren fast schon weggeschwemmt hat.«*

Die Titel des NordPark-Verlages können über jede gute Buchhandlung bezogen werden.

Dort berät man Sie gern.

Sollte keine in Ihrer Nähe sein, schicken Sie Ihre Bestellung einfach an uns.

NordPark Verlag
Klingelholl 53
42281 Wuppertal

Telefon 0202/ 51 10 89
Fax: 0202/2988 959
e-mail:miersch@nordpark-verlag.de
www.nordpark-verlag.de